竞技武术套路动作库

国家体育总局武术运动管理中心　审定

太极拳

人民体育出版社

图书在版编目（CIP）数据

太极拳 / 国家体育总局武术运动管理中心审定. --
北京：人民体育出版社, 2023
（竞技武术套路动作库）
ISBN 978-7-5009-6338-7

Ⅰ. ①太… Ⅱ. ①国… Ⅲ. ①太极拳—套路(武术)
Ⅳ. ①G852.111.9

中国国家版本馆CIP数据核字(2023)第127827号

*
人民体育出版社出版发行
北京新华印刷有限公司印刷
新　华　书　店　经　销
*
710×1000　16开本　12.5印张　157千字
2023年9月第1版　　2023年9月第1次印刷
印数：1—3,000册
*
ISBN 978-7-5009-6338-7
定价：48.00元

社址：北京市东城区体育馆路8号（天坛公园东门）
电话：67151482（发行部）　　邮编：100061
传真：67151483　　邮购：67118491
网址：www.psphpress.com

编 委 会

动作示范（以姓氏笔画为序）

王子文 巨文馨 吕泰东 刘忠鑫 汤　露
孙培原 杜洪杰 李剑鸣 杨顺洪 张雅玲
张　黎 陈洲理 查苏生 姚　洋 常志昭
梁永达 童　心

为武术更加灿烂的明天

——总结经典 传承经典 创造经典

陈恩堂

竞技武术套路动作库从立项到推出，历时3年有余，历经艰辛探究，今日终于得以付梓，令人欣喜万分。我谨代表国家体育总局武术运动管理中心、武术研究院、中国武术协会，对竞技武术套路动作库出版成书表示热烈的祝贺！

中华武术源远流长，博大精深，是中华民族优秀传统文化的瑰宝。古往今来，在武术发展的历史长河中，产生了许多独具特色的拳种流派，涌现了许多身怀绝技的武林高手，流传着许多让人津津乐道的传奇故事。历代的武术先辈们给我们留下了丰厚的武术遗产。作为新时代的武术人，把这份丰厚的武术遗产继承好、发展好，是我们义不容辞的责任。

把武术先辈们留下的丰厚武术遗产继承好、发展好，首先就是要对其进行系统地总结，在总结的基础上加以传承，在传承的过程中进行创新。竞技武术套路动作库，正是遵循这样的思路，总结经典，传承经典，创造经典。

——总结经典。竞技武术套路动作库，当前共收录具有源流和传统名称的武术经典动作1941式，分为长拳、刀术、棍术、剑术、枪术、南拳、南刀、南棍、太极拳、太极剑共10个子库，如字典汇编，毫分缕析，系统总结了长拳、南拳、太极拳三大拳种的经典动作，规范了技术方法，确定了技术标准，突出武术技击本质，展示武术攻防内涵。每一个经典动作都有源流出处，都具有传统名称，不仅符合人民群众对武术古往今来的认知，更是彰显了中华传统文化符号的经典魅力，充分体现了中华文化自信。

——传承经典。竞技武术套路动作库，通过总结经典，实现武术经典动作的标准化和规范化，本身就是对武术历史经典的传承。这些标准化、规范化的经典动作，既可供武术专业运动员在比赛中选用，让运动员的整套动作演练更具可比性，更加符合现代奥林匹克运动的特征，同时，也适合广大武术爱好者尤其是青少年朋友学习掌握，将专业和业余打通，普及和提高一体。通过竞技武术套路动作库，每一个武术习练者、爱好者都会成为武术经典的传承者，武术文化的传播者。

——创造经典。竞技武术套路动作库，不仅是在总结经典、传承经典，也在创造经典。人民群众有无限的创造力。人民群众在历史上创造了武术的经典，今后也必将继续创造武术新的经典。当前收录的1941个武术经典动作只是动作库的首期工程，今后每年都会更新，进行动态调整。创新动作经过中国武术协会审定通过后，将会成为竞技武术套路动作库的一部分，这充分体现了对中华优秀传统文化的创造性转化、创新性发展。

竞技武术套路动作库的推出，是武术运动科学化、标准化的又一重要标志，是武术运动发展史上具有里程碑意义的大事，凝结了全体武术人的智慧和汗水。在此，我谨以国家体育总局武术运动管理中心、武术研究院、中国武术协会的名义，向所有为竞技武术套路动作库付出不懈努力的武术前辈、专家、运动员、教练员、裁判员和工作人员们表示衷心的感谢！向所有关心支持武术事业改革发展的各界人士表示衷心的感谢！

国运兴则体育兴，国运兴则武术兴。在中华民族伟大复兴的新征程上，作为中华民族传统体育项目和优秀传统文化的代表，武术必将在体育强国、文化强国和健康中国建设中发挥着独特作用。竞技武术套路动作库，是武术发展的新的起点，为武术在更高水平的传承和繁荣开辟了新的道路，为武术进一步现代化、国际化奠定了重要基础，为武术走向奥林匹克大舞台迈出了坚实步伐。我们相信，以此作为新的起点，通过全体武术人的团结奋斗，武术的魅力将更加显现，武术的未来将更加美好！

2023年7月1日

（作者为国家体育总局武术运动管理中心主任、党委书记，国家体育总局武术研究院院长，中国武术协会主席）

CONTENTS / 目录

1 步型

1.1 弓步

弓步 001

传统术语：野马分鬃（陈式）。

现代术语：野马分鬃。

源流：陈式一路八十三式太极拳第五十式。

技法：採、挒、靠。

动作过程：（1）重心移至右腿，左腿屈膝提起，以脚跟内侧向左前方贴地铲出成左弓步；同时，右手微外展，指尖向右前上方，掌心向外；左手向左前上方穿出，指尖同鼻高；目视左手。

（2）与（1）动作相同，唯左、右方向相反。

动作要点：身体自然中正；上下肢协调一致；力达掌根。

注：本书所有动作起始均为双腿与肩同宽，屈膝半蹲。

弓步 002

传统术语：野马分鬃（杨式）。

现代术语：野马分鬃。

源流：杨式八十五式太极拳第四十九式。

技法：採、挒。

动作过程：（1）重心右移，左腿屈膝提起向前落步；同时，左掌向右下方划弧抱于腹前，指尖向右，掌心向上；右掌微下落，指尖向左，掌心向下；目视右前方。

（2）重心前移成左弓步；同时，左掌向前分举，掌心斜向内，高与肩平；右掌按于右胯外侧，掌心向下；目视左前方。

（3）（4）分别与（1）（2）动作相同，唯左、右方向相反。

动作要点：身体自然中正；上下肢协调一致；力达掌根。

弓步 003
传统术语：野马分鬃（吴式）。
现代术语：野马分鬃。
源流：吴式八十四式太极拳第四十七式。
技法：採、挒、靠。

动作过程：（1）重心右移，左腿屈膝提起向左前方落步；右掌收至左肩处，掌心向左；左掌落至右腿上方，掌心向上；目视左前方。

（2）重心前移成左弓步；同时，左掌由下向上分出，掌心向上；右掌从左肩前落下至右胯旁，掌心向下；目视右下方。

（3）（4）分别与（1）（2）动作相同，唯左、右方向相反。

动作要点：身体自然中正；上下肢协调一致；力达掌根。

弓步 004

传统术语：野马分鬃（孙式）。

现代术语：野马分鬃。

源流：孙式九十七式太极拳第五十六式。

技法：採、劈。

动作过程：（1）重心右移，左腿屈膝提起向左前方落步；同时，左手向下划弧至腹前，指尖向右，掌心向下；右手举至身体右侧，指尖向上，掌心向右，右腕高与肩平；目视右手。

（2）重心前移成左弓步；同时，左手划弧至左前方，指尖向上，掌心斜向右，左腕高与肩平；右手同上不动；目视左手。

（3）（4）分别与（1）（2）动作相同，唯左、右方向相反。

动作要点：身体自然中正；上下肢协调一致；力达掌根。

弓步 005

传统术语：单鞭（杨式）。

现代术语：单鞭。

源流：杨式八十五式太极拳第四式。

技法：刁、劈。

动作过程：（1）身体右转，右脚脚尖外撇；同时，双手掌心向下平抹至身体右侧，右掌成勾手，勾尖向下，左掌置于右臂内侧，掌心斜向上；目视右侧方。

（2）身体左转，左腿屈膝提起向前落步，重心前移成左弓步；同时，左掌由右向左划弧至前方，指尖向上，掌心斜向前；右勾手不变；目视前方。

动作要点：以腰为轴，上下协调一致；力达掌根。

弓步 006

传统术语：单鞭（武式）。

现代术语：单鞭。

源流：武式九十六式太极拳第四式。

技法：推。

动作过程： 左腿屈膝提起向前落步，重心前移成左弓步；同时，左手立掌坐腕向前推出，掌心向右，指尖向上；右手向右伸展，肘微屈，掌心向下，指尖向右；目视左掌。

动作要点： 动作连贯，一气呵成；力达掌根。

弓步 007

传统术语：指裆捶（陈式）。

现代术语：指裆捶。

源流：陈式一路八十三式太极拳第七十三式。

技法：冲。

动作过程：（1）左脚提起，以脚跟内侧向左贴地铲出；同时，右掌变拳划弧收于胸前，拳眼向外；左手划弧置于左肩前，掌心向上；目视左手。

（2）身体微左转，重心移至左腿成左弓步；同时，右拳向左前下方冲出，臂微屈，拳心斜向下；左手收于左腹前，掌心轻贴腹部；目视右拳。

动作要点：身体自然中正；上下肢协调一致；力达拳面。

弓步 008

传统术语：指裆捶（杨式）。

现代术语：指裆捶。

源流：杨式八十五式太极拳第七十四式。

技法：冲。

动作过程：（1）左腿屈膝提起向前落步；同时，右掌变拳划弧运至右腰间，拳眼向上；左掌由左向前划弧平抹至右腹前，掌心向下，指尖向前；目视前方。

（2）重心前移成左弓步；同时，左掌向左划弧搂至左膝外侧，掌心向下，指尖向前；右拳向前下方冲出，拳眼向上；目视前下方。

动作要点：上体自然中正，冲拳和弓步协调一致；力达拳面。

弓步 009

传统术语：指裆捶（吴式）。

现代术语：指裆捶。

源流：吴式八十四式太极拳第七十式。

技法：冲。

动作过程：（1）左腿屈膝提起向前落步；同时，左手搂至左膝前上方；右手提至右耳侧，掌心向左；目视前方。

（2）重心前移成左弓步；同时，右手变拳向前下方打出，拳眼向上，臂微屈，拳与腹高；左手置于右前臂内侧；目视前方。

动作要点：上体自然中正，上下肢协调一致；力达拳面。

弓步 010

传统术语：指裆捶（武式）。

现代术语：指裆捶。

源流：武式九十六式太极拳第八十六式。

技法：崩。

动作过程： 左腿屈膝提起向前落步，重心前移成左弓步；同时，左手向左下方划弧搂至左膝外侧，掌心向下；右手握拳向前下方发力击出，拳同腹高，拳眼向左；目视前下方。

动作要点： 上体自然中正，上下肢协调一致；力达拳面。

弓步 011

传统术语：搂膝拗步（杨式）。

现代术语：搂膝拗步。

源流：杨式八十五式太极拳第九式。

技法：搂、推。

动作过程：（1）左腿屈膝提起向前落步；同时，右掌由下向上划弧运至右耳侧方，掌心斜向下；左掌由下向右上划弧运至右胸前，掌心斜向后；目视右后方。

（2）重心前移成左弓步；同时，左掌向下、向左划弧搂至左膝外侧，掌心向下，指尖向前；右掌由右耳侧向前推出，掌心向前，指尖向上；目视前方。

（3）（4）与（1）（2）动作相同，唯左、右方向相反。

动作要点：弓步、搂掌与推掌协调一致；力达掌根。

弓步 012

传统术语：搂膝拗步（吴式）。

现代术语：搂膝拗步。

源流：吴式八十四式太极拳第七式。

技法：搂、推。

动作过程：（1）左腿屈膝提起向左前方落步；同时，右掌提至右耳侧方，掌心向内；左掌向左划弧运至左膝上方，掌心向下；目视前方。

（2）重心前移成左弓步；同时，左掌搂至左膝外侧，掌心向下，指尖向前；右掌向前推出，腕与肩平，掌心斜向前，指尖斜向上；目视右手。

（3）（4）分别与（1）（2）动作相同，唯左、右方向相反。

动作要点：动作连贯，协调一致；力达掌根。

弓步 013
传统术语：搂膝拗步（武式）。
现代术语：搂膝拗步。
源流：武式九十六式太极拳第七式。
技法：搂、推。

动作过程：（1）右腿屈膝提起向前落步，重心前移成右弓步；同时，左手立掌坐腕向前推出，指尖向上，掌心向右；右手向右划弧搂至右膝外侧，掌心向下；目视前方。
（2）与（1）动作相同，唯左、右方向相反。

动作要点：动作连贯，协调一致；力达掌根。

弓步 014
传统术语：撇身捶（杨式）。
现代术语：撇身捶。
源流：杨式八十五式太极拳第二十四式。
技法：劈。

动作过程：右腿屈膝提起向右前方落步，重心前移成右弓步；同时，右手握拳向下翻转再向前撇打，拳眼向右，高与肩平；左掌向右划弧上举附于右前臂内侧，掌心斜向下，指尖向前；目视前方。

动作要点：上体自然中正，上下肢协调一致；力达前臂外侧。

弓步 015

传统术语：撇身捶（四十二式）。

现代术语：撇身捶。

源流：四十二式太极拳竞赛套路第七式。

技法：劈。

动作过程：左腿屈膝提起向左前方落步，重心前移成左弓步；同时，左手握拳向下翻转再向前撇打，拳眼向左，高与头平；右手向上、向体前划弧，附于左前臂内侧，掌心向下；目视左拳。

动作要点：上体自然中正，上下肢协调一致；力达前臂外侧。

弓步 016

传统术语：白蛇吐芯（陈式）。

现代术语：白蛇吐芯。

源流：陈式二路七十一式太极拳第二十七式。

技法：插。

动作过程：（1）左腿屈膝提起向前落步；同时，右掌向右、向下划弧落至右腰侧，掌心翻转向上；左掌向右、向下划弧至右肋前，掌心向下；目视前方。

（2）重心前移成左弓步；同时，右掌向前穿出，指尖向前，掌心斜向上；左掌向下、向左划弧至左胯旁，指尖向前，掌心向下；目视前方。

动作要点：身体自然中正，手脚协调一致；力达指尖。

弓步 017

传统术语：白蛇吐芯（杨式）。

现代术语：白蛇吐芯。

源流：杨式八十五式太极拳第六十六式。

技法：推。

动作过程：（1）右腿屈膝提起向右前方落步；同时，右掌变拳向下划弧运至左肋旁，屈肘横臂，拳眼向内；左掌向上、向右划弧运至右前臂上方，掌心向下；目视前方。

（2）重心前移成右弓步；同时，右拳变掌向右前、向下划弧收至右腰侧，掌心向上，指尖向前；左掌向前推出，掌心向前，指尖向上；目视前方。

动作要点：身体自然中正，弓步与推掌协调一致；力达掌根。

弓步 018

传统术语：双峰贯耳（杨式）。

现代术语：双峰贯耳。

源流：杨式八十五式太极拳第四十一式。

技法：勾击。

动作过程：（1）右腿屈膝提起向前落步；同时，双掌翻转掌心向上，置于腹前，双臂稍屈；目视前方。

（2）重心前移成右弓步；同时，双掌变拳由两侧划弧向前贯击，拳眼相对，高与耳平，双臂均成半圆形；目视前方。

动作要点：身体自然中正，弓步与贯拳协调一致；力达拳眼。

弓步 019

传统术语：双峰贯耳（吴式）。

现代术语：双峰贯耳。

源流：吴式八十四式太极拳第三十八式。

技法：勾击。

动作过程：右腿屈膝提起向前落步，重心前移成右弓步；同时，双掌变拳由两侧划弧向前贯击，拳眼相对，高与耳平，双臂均成半圆形；目视前方。

动作要点：身体自然中正，弓步与贯拳协调一致；力达拳面。

弓步 020

传统术语：弯弓射虎（杨式）。

现代术语：弯弓射虎。

源流：杨式八十五式太极拳第八十一式。

技法：架、冲。

动作过程： 右腿屈膝提起向右前方落步，重心前移成右弓步；同时，右掌变拳向下、向右划弧架于头部右上方，拳眼向内；左拳向下、向右划弧由胸前向左前方打出，拳眼斜向上；目视左前方。

动作要点： 身体自然中正，双臂呈半圆形；力达拳面。

弓步 021
传统术语：弯弓射虎（吴式）。
现代术语：弯弓射虎。
源流：吴式八十四式太极拳第七十八式。
技法：架、冲。

动作过程：（1）右腿屈膝提起向右前方落步；同时，右手变拳提至右肩前，拳心向下；左手变拳提至右胸前，拳心斜向下；目视右前方。

（2）重心前移成右弓步；同时，左拳向前、向左划弧再向前打出，拳眼向上；右拳架于头部右侧，拳眼向下；目视左前方。

动作要点：上下协调一致，动作连贯；力达拳面。

弓步 022

传统术语：玉女穿梭（杨式）。

现代术语：玉女穿梭。

源流：杨式八十五式太极拳第五十二式。

技法：架、推。

动作过程：（1）左腿屈膝提起向左前方落步，重心前移成左弓步；同时，左掌向左划弧上架至头部左上方，掌心翻转向上，指尖斜向上；右掌由上向下、向前推举，掌心向前，指尖向上；目视左前方。

（2）与（1）动作相同，唯左、右方向相反。

动作要点：上体自然中正，前推动作与弓步协调一致；力达掌根。

弓步 023

传统术语：玉女穿梭（吴式）。

现代术语：玉女穿梭。

源流：吴式八十四式太极拳第四十八式。

技法：架、推。

动作过程：（1）左腿屈膝提起向左前方落步；同时，左掌向左、向上划弧架至头部上方，掌心斜向上；右掌附于左腕处，随划弧收至右肋旁，掌心向上。

（2）重心前移成左弓步；同时，右掌向前推出，腕同肩高，掌心斜向上；左掌动作不变；目视右手。

（3）（4）分别与（1）（2）动作相同，唯左、右方向相反。

动作要点：转身时保持立身中正之势；力达掌根。

弓步 024

传统术语：搬拦捶（杨式）。

现代术语：搬拦捶。

源流：杨式八十五式太极拳第十二式。

技法：冲。

动作过程：（1）右腿屈膝提起向前落步；同时，右掌变拳向下、向内、向上划弧向前搬出，拳眼向右；左掌向前、向下划弧移至右前臂内侧，掌心向右，指尖向上；目视前方。

（2）重心移至右腿，左腿屈膝提起向前落步，重心前移成左弓步；同时，右拳先收回腰侧再向前打出，拳眼向上；左掌先向前推出再置于右肘内侧，掌心向右，指尖向上；目视前方。

动作要点：上体自然中正，手法和步法随腰转动，协调一致；力达拳面。

弓步 025

传统术语：搬拦捶（吴式）。

现代术语：搬拦捶。

源流：吴式八十四式太极拳第九式。

技法：冲。

动作过程：（1）左腿屈膝提起向前落步；同时，双掌相对由右向左划弧，左掌置于胸前，右掌落至右腰间；目视左掌。

（2）重心前移成左弓步；同时，右掌变拳向前打出，拳与胸同高，拳眼向上；左手附于右前臂内侧，掌心向右；目视右拳。

动作要点：上下相随，协调一致；力达拳面。

弓步 026

传统术语：搬拦捶（武式）。

现代术语：搬拦捶。

源流：武式九十六式太极拳第十一式。

技法：冲。

动作过程：（1）右腿屈膝提起向前落步，重心移至右腿；同时，右手握拳向前搬出，拳眼向右；左手向前推出，掌心斜向下；目视左手前方。

（2）左腿屈膝提起向前落步，重心前移成左弓步；同时，左手变拳拦带，拳眼向右后方；右拳向前冲出至左前臂上，拳眼向左；目视前方。

动作要点：上下相随，协调一致；力达拳面。

弓步 027

传统术语：搬拦捶（四十二式）。

现代术语：搬拦捶。

源流：四十二式太极拳竞赛套路第九式。

技法：冲。

动作过程：（1）右腿屈膝提起向前落步；同时，左臂屈于胸前，掌心向下，随即左掌按至左胯旁；右掌变拳向下划弧收于腹前后再向上、向前搬出，拳心向上，高与胸平；目视右拳。

（2）右脚脚尖外撇，重心前移，上体右转，左腿屈膝提起向前落步，重心前移成左弓步；同时，右拳先向右划弧至右腰侧再向前打出，拳眼转向上，高与胸平；左掌先向右划弧至体前再收于右前臂内侧，掌心向右；目视右拳。

动作要点：上体自然中正，手法和步法随腰转动，协调一致；力达拳面。

弓步 028

传统术语：揽雀尾（杨式）。

现代术语：揽雀尾。

源流：杨式八十五式太极拳三式。

技法：掤、捋、挤、按。

动作过程：（1）左腿屈膝提起向前落步，重心前移成左弓步，随即身体左转；同时，左掌向前掤出，高与肩平，掌心向内；右掌置于左前臂下方，掌心向下；目视前方。

（2）左臂微伸，掌心翻转向下，指尖向前；右掌外旋转腕置于左前臂下，掌心向上，指尖向前。随即双掌向右弧形捋至胸前，双臂弯曲，左掌举于胸前，掌心向内，右掌附于左前臂内侧，掌心向外；目视前方。

（3）双掌以左前臂外侧为力点向前挤出，右掌附于左前臂内侧，高与胸平；目视前方。

（4）右掌沿左掌背划弧向前、向右平抹；左掌向前伸出后翻转掌心向下，双臂与胸同高。随即双掌回收于胸前再向前推出，掌心向前，指尖向上，双臂微屈，两肘下垂；目视前方。

动作要点：以腰为轴，双臂运行圆活自如，弓腿协调一致；力达掌根。

弓步 029

传统术语：揽雀尾（吴式）。

现代术语：揽雀尾。

源流：吴式八十四式太极拳第三式。

技法：掤、捋、挤、按。

动作过程：（1）右腿屈膝提起，脚跟落地成右虚步；同时，双手向内合于胸前，左手拇指和食指附于右前臂处，右手掌心向内；目视右手。

（2）重心前移成右弓步；同时，左手立掌附于右腕处向前挤出，食指与鼻尖同高；目视前方。

（3）重心后移，右脚尖翘起；同时，右手向右、向下划弧收至右胯旁，掌心向下；左手附于右腕处随右手划弧收至右胯旁，掌心向上；目视右手。

（4）重心前移成右弓步；同时，右掌向左前方穿出，掌心向上；左手拇指和食指附于右前臂处，掌心向下；目视右手。

（5）重心移至左腿，右脚脚尖勾起，内扣着地；同时，右手向右划弧屈肘经右耳侧向胸口推按，掌心向左前方；左手附于右腕处，掌心向内；目视右手。

动作要点：动作连贯，上下相随，协调一致；力达掌根。

弓步 030

传统术语：掩手肱捶（陈式）。

现代术语：掩手肱捶。

源流：陈式太极拳竞赛套路第十二式。

技法：冲。

动作过程：（1）右腿屈膝提起；同时，右臂屈肘，右掌变拳收至腹前，拳面斜向下；左臂屈肘，左掌与右拳在胸前相合，左掌附于右前臂上；目视前下方。

（2）右脚踏地震脚，左腿屈膝提起向左前方铲出；同时，右拳变掌，双手分别向两侧弧形分开，掌心向外；目视左前方。

（3）右臂屈肘，右掌变拳收于胸前，拳眼向外；左手向左划弧置于左肩前，掌心向上，拇指和食指伸直，其余三指弯由；目视左手。

（4）右脚蹬地，重心前移成左弓步；同时，左手收于左肋侧，掌心向内；右拳向前冲出，拳同肩高，拳面向前；目视右拳。

动作要点：双手在胸前相合与震脚协调一致；力达拳面。

弓步 031

传统术语：掩手肱捶（陈式）。

现代术语：掩手肱捶。

源流：陈式二路七十一式太极拳第十七式。

技法：冲。

动作过程：（1）左腿屈膝提起向左前方铲出；同时，双手分别向两侧弧形分开，掌心向外；目视左前方。

（2）右臂屈肘，右掌变拳收于胸前，拳眼向外；左手向左划弧置于左肩前，掌心向上，拇指和食指伸直，其余三指弯曲；目视左手。

（3）右脚蹬地，重心前移成左弓步；同时，左手收于左肋侧，掌心向内；右拳向前冲出，拳同肩高，拳面向前；目视右拳。

动作要点：上下肢协调一致；力达拳面。

弓步 032

传统术语：掩手肱捶（陈式）。

现代术语：掩手肱捶。

源流：陈式二路七十一式太极拳第三十一式。

技法：冲。

动作过程：（1）左腿屈膝提起向左前方铲出；同时，双手合于腹前，左手在上，右手在下，掌心均向下；目视前方。

（2）右掌变拳，由内向外鞭拳打出，腕与肩平，拳眼向上；左手收于左肋侧，掌心向下；目视右拳。

（3）右拳向外划弧收于右肋侧，拳面向前；左手向外划弧置于胸前，掌心向上，拇指和食指伸直，其余三指弯曲；目视左手。

（4）重心前移成左弓步；同时，右拳向前冲出，拳面向前；左手收于左肋侧，掌心向内；目视右拳。

动作要点：双手在胸前相合与震脚协调一致；力达拳面。

弓步 033

传统术语：击地捶（陈式）。

现代术语：击地捶。

源流：陈式一路八十三式太极拳第三十七式。

技法：冲。

动作过程：（1）右脚向前落步；同时，左拳向右划弧至右肩前，拳同肩高，拳眼向外；右拳落至右腰间，拳眼向外；目视左拳。

（2）与（1）动作相同，唯左、右方向相反。

（3）右腿屈膝提起向前落步，重心前移成右弓步；同时，右拳上提至头右侧，拳面斜向下；左拳下栽，拳面向下；目视左拳。

动作要点：上下肢协调一致；力达拳面。

弓步 034

传统术语：抱头推山（陈式）。

现代术语：抱头推山。

源流：陈式一路八十三式太极拳第四十四式。

技法：推。

动作过程：（1）右腿屈膝提起向右前方落步；同时，双掌分别向两侧划弧收至两耳旁，掌心向内；目视左前方。

（2）重心前移成右弓步；同时，双掌向右下方推出，掌心均向外；目视前方。

动作要点：上体自然中正，上下肢协调一致；力达掌根。

弓步 035

传统术语：小擒打（陈式）。

现代术语：小擒打。

源流：陈式一路八十三式太极拳第四十三式。

技法：推。

动作过程：（1）右脚向左脚前方盖步；同时，双手翻转横捌至胸前，左手掌心向上，指尖向前，右手掌心向下，指尖向前。

（2）左腿屈膝提起向前落步，重心前移成左弓步；同时，右掌下落于右肋旁；左掌由前向右、向上划弧屈肘上举至右额前方。随即双掌向前推出，左掌掌心向外，右掌掌心微向左；目视前方。

动作要点：上体自然中正，上下肢协调一致；力达掌根。

弓步 036

传统术语：指裆（陈式）。

现代术语：指裆。

源流：陈式老架二路太极拳第十式。

技法：崩。

动作过程： 右腿屈膝提起，随即下落踏地震脚，左腿再屈膝提起向左前方落步，重心前移成左弓步；同时，左手向左、向下，右手向右、向上划弧至腹前交叉后，左拳以拳背向下劈打，右拳向右上方弹出；目视左下方。

动作要点： 下打、上弹同时进行；力达拳面。

弓步 037

传统术语：三换掌（陈式）。

现代术语：三换掌。

源流：陈式一路八十三式太极拳第四十五式。

技法：切。

动作过程：（1）身体右转，右腿屈膝提起向右前方落步，重心前移；同时，左手翻掌，掌心向上；右手屈肘内收至左臂内侧，掌心向上；目视右前方。

（2）身体左转；同时，右掌横掌推出，掌心向下；左掌收至胸前，掌心向上；目视右前方。

（3）身体右转；同时，左掌横掌推出，掌心向下；右掌收至胸前，掌心向上；目视左前方。

（4）身体左转，重心前移成右弓步；同时，右掌横掌发力推出，掌心向下；左掌收至胸前，掌心向右上方；目视右前方。

动作要点：动作连贯，上下相随，协调一致；力达掌根。

弓步 038

传统术语：闪通臂（杨式）。

现代术语：闪通臂。

源流：杨式八十五式太极拳第二十三式。

技法：架、推。

动作过程： 左腿屈膝提起向前落步，重心前移成左弓步；同时，右掌举于右额前上方，掌心向外，臂呈半圆；左掌向前推举，臂微屈，掌心向前，指尖向上；目视前方。

动作要点： 上体自然中正，推掌、架掌和弓步动作协调一致；力达掌根。

弓步 039

传统术语：斜飞式（杨式）。

现代术语：斜飞式。

源流：杨式八十四式太极拳第十八式。

技法：採、挒。

动作过程： 右腿屈膝提起向右前方落步，重心前移成右弓步；同时，右掌向右上方划弧分举，右臂伸直，掌心向上，指尖向右前上方；左掌向左下按于左胯外侧，掌心向下，指尖向前；目视右手。

动作要点： 右掌向右前方挒出时，由腰而肩、而肘、而手，节节贯串挒出；力达掌根。

弓步 040

传统术语：打虎式（杨式）。

现代术语：打虎式。

源流：杨式八十五式太极拳第三十八式。

技法：冲。

动作过程：（1）左脚向后撤步，重心移至左腿，成左弓步；同时，左掌变拳向下、向左划弧架于头部左上方；右掌变拳向左划弧至左肋前；拳眼相对；目视左前方。

（2）与（1）动作相同，唯左、右方向相反。

动作要点：转身落步轻灵稳健，落步、架拳和弓步协调一致；力达拳面。

弓步 041
传统术语：抱虎归山（吴式）。
现代术语：抱虎推山。
源流：吴式八十四式太极拳第十二式。
技法：搂、推。

动作过程： 左腿屈膝提起向左前方落步，重心前移成左弓步；同时，左掌搂至左胯旁，掌心向下，指尖向前；右掌提至耳侧后向前推出，掌心向前，指尖斜向上；目视右掌。

动作要点： 上体自然中正，上下肢协调一致；力达掌根。

弓步 042

传统术语：搂膝栽捶（吴式）。

现代术语：搂膝栽捶。

源流：吴式四十五式太极拳第三十二式。

技法：搂、冲。

动作过程： 右腿屈膝提起向右前方落步，重心前移成右弓步；同时，左掌变拳提至右耳侧向前下方打出，拳与腹同高，拳眼斜向上；右手划弧附于左前臂内侧；目视左拳。

动作要点： 上体自然中正，上下肢协调一致；力达拳面。

弓步 043

传统术语：迎面掌（吴式）。

现代术语：扑面掌。

源流：吴式八十四式太极拳第六十八式。

技法：推。

动作过程：（1）右腿屈膝提起向前落步；同时，左手置于胸前，掌心向上；右手屈肘收于右肋旁，掌心向上；目视前方。

（2）重心前移成右弓步；同时，右手向前推出，掌心向斜向左，指尖斜向上，腕与肩平；左手屈肘收至右肘下，掌心向上，指尖向右；目视右手。

动作要点：上下协调一致，动作连贯；力达掌根。

弓步 044

传统术语：倒卷肱（吴式）。

现代术语：倒卷肱。

源流：吴式八十四式太极拳第十六式。

技法：提、按、推。

动作过程：（1）右腿屈膝提起悬于左小腿内侧；同时，左手按于腹前，掌心向下；右掌收于右耳侧，掌心向内，指尖向前；目视前方。

（2）右脚向后落步成左弓步；同时，左手搂至左膝外侧，掌心向下，指尖向前；右手向前推出，掌心向前，指尖斜向上，腕与肩平；目视右手。

（3）（4）分别与（1）（2）动作相同，唯左、右方向相反。

动作要点：上下协调一致，动作连贯；力达掌根。

弓步 045
传统术语：践步栽捶（孙式）。
现代术语：搂膝栽捶。
源流：孙式九十七式太极拳第四十一式。
技法：冲。

动作过程：（1）右腿屈膝提起向前落步，重心移至右腿；同时，左手经右手下方穿出；右手收至左肘内侧；目视左手。
（2）左腿屈膝提起向前落步；同时，左手按至左胯旁，掌心向下；右手向右分举，高与肩平，掌心向上。
（3）重心前移成左弓步；同时，左手握拳按至左胯旁，拳眼向内；右手握拳下击，拳眼向左，拳面向下；目视右手。

动作要点：动作连贯协调，眼随手动；力达拳面。

弓步 046

传统术语：抱虎推山（武式）。

现代术语：抱虎推山。

源流：武式九十六式太极拳第十三式。

技法：推。

动作过程：左腿屈膝提起向前落步，重心前移成左弓步；同时，左手翻腕置于腹前，指尖向右，掌心向上；同时，右手立掌坐腕向前推出，指尖向上，掌心向左；目视前方。

动作要点：上体自然中正，上下肢协调一致；力达掌根。

弓步 047

传统术语：青龙出水（武式）。

现代术语：青龙出水。

源流：武式九十六式太极拳第二十八式。

技法：插。

动作过程：（1）左腿屈膝提起向前落步，重心前移成左弓步；同时，左手向前穿出，指尖向前，掌心向下；右手向后收至腹前，掌心斜向下。

（2）重心后移；同时，左手收至胸前，指尖向前，掌心向右；右手上提至耳侧，指尖向前，掌心向左。

（3）重心前移成左弓步；同时，双手向前穿出，指尖向前，掌心相对；目视前方。

（4）左脚尖外撇踏实；同时，右手收至胸前，指尖向前，掌心向左；左手上提至耳侧，指尖向前，掌心向右。

（5）右腿屈膝提起向前落步，重心前移成右弓步；同时，双手向前穿出，指尖向前，掌心相对；目视前方。

动作要点：转身带臂协调一致，弓步与左右穿掌协调一致；力达掌根。

弓步 048

传统术语：捋挤势（四十二式）。

现代术语：捋挤势。

源流：四十二式太极拳竞赛套路第八式。

技法：捋、挤。

动作过程：（1）身体右转；同时，双掌向右平抹下捋至腹前，右掌掌心斜向下，左掌掌心斜向上。

（2）右腿屈膝提起向右前方落步，重心前移成右弓步；同时，双掌翻转屈臂上举于胸前向前挤出，左掌附于右腕内侧，掌心向外，指尖斜向上，右掌掌心向内，指尖向左，高与肩平；目视前方。

动作要点：动作连贯，协调一致；力达前臂外侧。

1.2 马步

马步 001

传统术语：穿心肘（陈式）。

现代术语：穿心肘。

源流：陈式二路七十一式太极拳第六十六式。

技法：肘。

动作过程： 右脚向右侧落步成马步；同时，左拳护胸，拳眼向外；右肘逆时针划弧向右侧顶击，拳眼向内；目视右肘。

动作要点： 动作连贯，上下协调一致；力达肘尖。

马步 002

传统术语：裹鞭炮（陈式）。

现代术语：裹鞭炮。

源流：陈式二路七十一式太极拳第三十三式。

技法：崩。

动作过程：左脚向左落步成马步；同时，双臂交叉合于腹前，双拳向左右两膝上方分击，拳背向下；目视前方。

动作要点：双拳松握制动；力达拳背。

马步 003
传统术语：顺鸾肘（陈式）。
现代术语：顺鸾肘。
源流：陈式二路七十一式太极拳第六十五式。
技法：肘。

动作过程： 右脚向右落步成马步；同时，双掌交叉合于胸前，随即双掌变拳屈肘向两侧后下方顶击，拳面向前；目视前方。

动作要点： 顶肘发力短促；力达肘尖。

马步 004

传统术语：单鞭（吴式）。

现代术语：单鞭。

源流：吴式八十四式太极拳第四式。

技法：刁、劈。

动作过程：（1）右腿屈膝提起向后落步；同时，左手向左平捋成勾手，勾尖斜向下；右手附于左腕处，掌心向内；目视左手。

（2）重心右移成马步；右手向右翻掌推出，掌心向外，指尖斜向上；左手不变；目视前方。

动作要点：动作连贯，协调一致；力达掌根。

马步 005
传统术语：闪通背（吴式）。
现代术语：闪通背。
源流：吴式八十四式太极拳第二十二式。
技法：架、推。

动作过程：（1）右腿屈膝提起向右前方落步；同时，左臂平举，掌心向右，指尖向前；右掌收至左胸前，掌心向左，指尖向上；目视前方。
（2）重心右移成马步；同时，左手架至左额上方，掌心斜向上；右手向右推出，掌心向右，指尖斜向上；目视右手。

动作要点：动作连贯，协调一致；力达掌根。

1.3 仆步

仆步 001

传统术语：雀地龙（陈式）。

现代术语：雀地龙。

源流：陈式一路八十三式太极拳第七十七式。

技法：冲。

动作过程：（1）左脚震脚；同时，左拳向下、向右、向前划弧至腹前，拳眼向前；右臂屈肘，右拳置于左胸前，拳眼斜向上。

（2）右脚向右落步成右仆步；同时，左拳向上、向左划弧举至左肩前上方，拳面向上；右拳向前穿出，拳面向前；目视右拳。

动作要点：上体保持直立；力达拳面。

仆步 002

传统术语：伏虎式（陈式）。

现代术语：伏虎式。

源流：陈式二路七十一式太极拳第四十一式。

技法：冲。

动作过程： 右脚向后落步，重心移至右腿成左仆步；同时，左手握拳向右、向下划弧至腹前，拳眼向前；右拳向右划弧由下向上举至头顶上方，拳面向上；目视前方。

动作要点： 上体保持直立；力达拳面。

仆步 003

传统术语：下势（杨式）。

现代术语：下势。

源流：杨式八十五式太极拳第五十七式。

技法：穿。

动作过程：左脚向左落步，重心左移成右仆步；同时，左手提至左后方变勾手，勾尖向下；右掌屈肘向上、向内划弧经胸前向下，由右腿内侧前穿，掌心向左，指尖向前；目视前方。

动作要点：上体直立；力达指尖。

仆步 004

传统术语：下势（吴式）。

现代术语：下势。

源流：吴式八十四式太极拳第五十三式。

技法：穿。

动作过程：（1）右脚向后落步；同时，双臂前平举，指尖向前，掌心相对，与肩同高；目视前方。

（2）右腿屈膝下蹲成左仆步；右手掌心翻转向外，双手向右划弧平抹，随即双手掌心相对向下由左腿内侧前穿，指尖向前；目视左手。

动作要点：上体直立；力达指尖。

仆步 005

传统术语：下势（武式）。

现代术语：下势。

源流：武式九十六式太极拳第三十二式。

技法：按。

动作过程： 右脚向右落步成右仆步；同时，双掌交叉向左右分出下按，掌心向下，左掌同肩平，右掌同腹高；目视右手。

动作要点： 动作协调一致；力达掌根。

仆步 006

传统术语：下势（四十二式）。

现代术语：下势。

源流：四十二式太极拳竞赛套路第三十五式。

技法：穿。

动作过程： 左脚向左落步，重心左移成右仆步；同时，左手提至左后方变勾手，勾尖向下；右掌向左划弧经左臂内侧向下，由右腿内侧前穿，掌心向左，指尖向前；目视右手。

动作要点： 上体直立；力达指尖。

1.4 虚步

虚步 001

传统术语：白鹤亮翅（陈式）。

现代术语：白鹤亮翅。

源流：陈式一路八十三式太极拳第七式。

技法：靠。

动作过程： 右脚提起向前落步，左脚收至右脚内侧成虚步；同时，左手向左下划弧落至左胯旁，指尖斜向前，掌心向下；右手向右上划弧至右额上方，指尖斜向上，掌心向外；目视前方。

动作要点： 上下肢协调一致；力达掌根。

虚步 002
传统术语：白鹤亮翅（杨式）。
现代术语：白鹤亮翅。
源流：杨式八十五式太极拳第六式。
技法：捋、挤、靠。

动作过程：右脚向后撤步成左虚步；同时，右手向右、向上划弧举至右额上方，掌心向外，指尖斜向上；左手向左、向下划弧至左胯外侧，掌心向下，指尖向前；目视前方。

动作要点：动作协调一致；力达掌根。

虚步 003

传统术语：白鹤亮翅（四十二式）。

现代术语：白鹤亮翅。

源流：四十二式太极拳竞赛套路第五式。

技法：捋、挤、靠。

动作过程： 右脚向后撤步成左虚步；同时，右手由下向上划弧举至右额上方，掌心向左，指尖向上；左手按至左胯外侧，掌心向下，指尖向前；目视前方。

动作要点： 动作协调一致；力达掌根。

虚步 004
传统术语：上步七星（陈式）。
现代术语：上步七星。
源流：陈式太极拳体系。
技法：冲。

动作过程： 左腿屈膝提起向前落步成左虚步；同时，右拳上冲至胸前，拳面向左上方；左拳上冲至右前臂外侧，拳面向右上方，双拳搭于胸前；目视双拳。
动作要点： 搭腕和左脚落步协调一致；力达拳面。

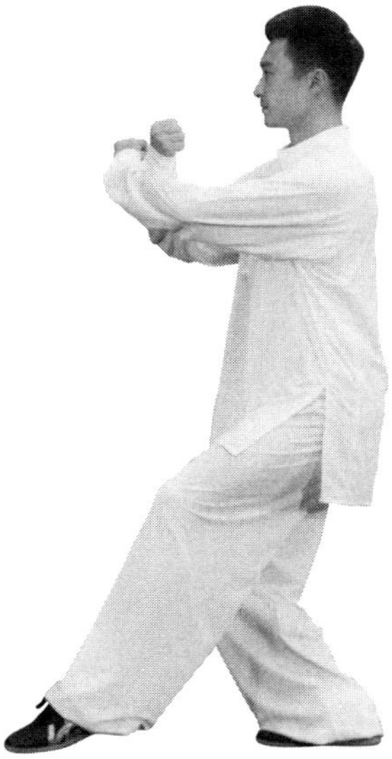

虚步 005

传统术语：上步七星（杨式）。

现代术语：上步七星。

源流：杨式八十五式太极拳第七十八式。

技法：掤。

动作过程：右腿屈膝提起向前落步成右虚步；同时，双掌变拳向前划弧举至胸前交叉成十字拳，右拳在外，左拳在内，双拳拳眼向内；目视前方。

动作要点：搭腕和右脚落步协调一致；力达拳面。

虚步 006
传统术语：上步七星（吴式）。
现代术语：上步七星。
源流：吴式八十四式太极拳第七十四式。
技法：掤。

动作过程： 右腿屈膝提起向前落步成右虚步；同时，左手上举至胸前，右手穿至左腕外侧，双手在胸前交叉搭腕，掌心斜向外，指尖斜向上；目视前方。
动作要点： 搭腕和右脚落步协调一致；力达拳面。

虚步 007

传统术语：高探马（陈式）。

现代术语：高探马。

源流：陈式一路八十三式太极拳第三十二式。

技法：推。

动作过程： 左脚后撤至右脚内侧成虚步；同时，左掌划弧收至腹前，指尖向前，掌心向下；右掌经耳侧向前推出成立掌，指尖斜向上，掌心向前；目视前方。

动作要点： 动作协调一致；力达掌根。

虚步 008
传统术语：高探马（杨式）。
现代术语：高探马。
源流：杨式八十五式太极拳第三十式。
技法：採。

动作过程： 左腿屈膝提起向前落步成左虚步；同时，右掌经右耳侧向前探出，掌心向下，指尖向左；左掌翻转收至腹前，掌心向上，指尖向右；目视前方。

动作要点： 身体自然中正；动作协调一致；力达掌根。

虚步 009

传统术语：高探马（吴式）。

现代术语：高探马。

源流：吴式太极拳体系。

技法：採。

动作过程：右腿屈膝提起向前落步成右虚步；同时，左手经右手上方向前推出，指尖斜向上，掌心向前；右手收至腹前，掌心向上，指尖斜向前；目视前方。

动作要点：身体自然中正；动作协调一致；力达掌根。

虚步 010
传统术语：退步跨虎（杨式）。
现代术语：退步跨虎。
源流：杨式八十五式太极拳第七十九式。
技法：分。

动作过程： 右脚向后撤步成左虚步；同时，双手向下、向两侧划弧分开，右掌举至右额斜上方，掌心向前，指尖斜向左，左掌置于左胯外侧，掌心向下，指尖向前；目视前方。
动作要点： 两掌外撑；动作协调一致；力达掌根。

虚步 011
传统术语：退步跨虎（武式）。
现代术语：退步跨虎。
源流：武式太极拳体系。
技法：格。

动作过程： 右脚向后撤步成左虚步；同时，左掌向前穿出后变拳向右、向下、向左划弧置于左胯旁，拳眼向右；右掌变拳向下、向右、向上划弧至右额斜前方，拳眼向后；目视前方。

动作要点： 动作协调一致；力达拳背。

虚步 012
传统术语：手挥琵琶（杨式）。
现代术语：手挥琵琶。
源流：杨式八十五式太极拳第十式。
技法：採、合。

动作过程： 右脚向后撤步成左虚步；同时，左掌提至胸前，掌心向右，指尖向上；右掌合至左臂内侧，掌心向左，指尖斜向上；目视前方。

动作要点： 动作协调一致；力达掌根。

虚步 013
传统术语：手挥琵琶（孙式）。
现代术语：手挥琵琶。
源流：孙式九十七式太极拳第七十一式。
技法：穿。

动作过程： 右脚向后撤步成左虚步；同时，左手向前穿出，指尖向前，掌心向右；右手收至左臂内侧，指尖向前，掌心向左；目视前方。

动作要点： 动作协调一致；力达指尖。

虚步 014

传统术语：手挥琵琶（武式）。

现代术语：手挥琵琶。

源流：武式太极拳体系。

技法：合。

动作过程： 左腿屈膝提起向前落步成左虚步；同时，双手向前内合，左掌掌心向右，右手合于左臂下方，掌心斜向下；目视前方。

动作要点： 动作协调一致；力达掌根。

虚步 015

传统术语：肘底捶（陈式）。

现代术语：肘底捶。

源流：陈式太极拳体系。

技法：冲。

动作过程： 右脚跟至左脚内侧成虚步；同时，右手向上、向右、向下、向左，左手向下、向左、向上划弧至胸前相合，左手屈臂变掌，掌心向右，右手变拳置于左肘下方，拳眼向上；目视前方。

动作要点： 动作连贯，上下相随，协调一致；力达掌根。

虚步 016
传统术语：肘底看捶（杨式）。
现代术语：肘底看捶。
源流：杨式八十五式太极拳第十六式。
技法：劈。

动作过程：右脚向后撤步成左虚步；同时，右掌向左划弧变拳收至左臂内侧，拳眼向上；左掌向左划弧平抹经右臂内侧向前劈出，掌心向右，指尖向上；目视前方。
动作要点：身体左右转动协调一致；力达掌根。

虚步 017
传统术语：肘底看捶（吴式）。
现代术语：肘底看捶。
源流：吴式八十四式太极拳第十五式。
技法：冲。

动作过程： 右脚向后撤步成左虚步；同时，左手向左、向下划弧变拳经右腕上方冲出，拳面斜向上；右掌由后向前、向左、向下划弧变拳收至左臂内侧，拳眼向内；目视前方。

动作要点： 上下肢动作协调一致；力达拳面。

虚步 018

传统术语：肘下看捶（孙式）。

现代术语：肘下看捶。

源流：孙式九十七式太极拳第二十二式。

技法：劈。

动作过程：（1）右脚跟至左脚内侧；同时，左手置于身体前方，指尖向上，掌心向右；右手变拳向下、向左划弧至左臂内侧，拳眼向上；目视左手。

（2）右脚向后撤步成左虚步；同时，左手微下移，指尖向前，掌心向右；右手不动；目视前方。

动作要点：动作连贯，上下相随，协调一致；力达掌根。

虚步 019

传统术语：肘底看捶（武式）。

现代术语：肘底看捶。

源流：武式太极拳体系。

技法：劈。

动作过程： 右腿屈膝提起向前落步成右虚步；同时，双手握拳向外划弧，左拳置于右臂内侧，拳眼向内，右拳置于胸前，拳眼向右；目视前方。

动作要点： 动作连贯，上下相随，协调一致；力达拳背。

虚步 020

传统术语：前招（陈式）。

现代术语：前招。

源流：陈式一路八十三式太极拳第四十八式。

技法：挒。

动作过程：左腿屈膝提起向左前方落步成左虚步；同时，右手向左、向上、向右划弧至右额上方，指尖斜向上，掌心向外；左手向左、向前划弧合至左膝上方，指尖斜向下，掌心向右；目视左手方向。

动作要点：动作协调一致；力达掌根。

虚步 021
传统术语：后招（陈式）。
现代术语：后招。
源流：陈式一路八十三式太极拳第四十九式。
技法：挒。

动作过程：左脚提起向左前方落步，随即右腿屈膝提起向右前方落步成右虚步；同时，左手向右、向上、向左划弧至左额上方，指尖斜向上，掌心向外；右手向左、向右、向下、向左划弧合至右膝上方，指尖斜向下，掌心向左；目视右手。

动作要点：动作协调一致；力达掌根。

虚步 022

传统术语：双推手（陈式）。

现代术语：双推手。

源流：陈式一路八十三式太极拳第十九式。

技法：按。

动作过程：右脚向前落步，左脚跟至右脚内侧成虚步；同时，双手外展经耳侧向前立掌平推，指尖向上，掌心斜相对；目视前方。

动作要点：动作协调一致；力达掌根。

虚步 023

传统术语：六封四闭（陈式）。

现代术语：六封四闭。

源流：陈式太极拳体系。

技法：按。

动作过程： 左脚收至右脚内侧成虚步；同时，双手外展经耳侧推至腹前，掌心斜向下；目视右手。

动作要点： 动作连贯，上下相随，协调一致；力达掌根。

虚步 024
传统术语：三换掌（陈式）。
现代术语：三换掌。
源流：陈式太极拳体系。
技法：合。

动作过程： 虚步站立。右手上下翻转收至胸前，掌心向上；左手上下翻转横掌推出，掌心向下；目视前方。
动作要点： 动作连贯，上下相随，协调一致；力达掌根。

虚步 025

传统术语：提手上势（杨式）。

现代术语：提手上势。

源流：杨式八十五式太极拳第五式。

技法：合。

动作过程：右脚屈膝提起向前落步成右虚步；同时，双手合于胸前向前推出，右手指尖向上，掌心向左，左手指尖斜向前上，掌心斜向右；目视前方。

动作要点：动作协调一致；力达掌根。

虚步 026

传统术语：海底针（杨式）。

现代术语：海底针。

源流：杨式八十五式太极拳第二十二式。

技法：插。

动作过程： 右脚向后撤步，左腿屈膝提起向前落步成左虚步；同时，右手提至右耳侧后向下插掌，掌心向左，指尖向前下方；左手向右划弧搂至左膝外侧，掌心向下，指尖向前；目视前下方。

动作要点： 动作协调一致；力达指尖。

虚步 027
传统术语：海底针（吴式）。
现代术语：海底针。
源流：吴式八十四式太极拳第二十一式。
技法：插。

动作过程：左腿屈膝提起落步成左虚步；同时，右手提至右耳侧后向下插掌，指尖向下，掌心向左；左手向前划弧屈臂向上收至右耳侧，指尖向上，掌心向右；目视右手。
动作要点：动作协调一致；力达指尖。

虚步 028
传统术语：阴阳合一（孙式）。
现代术语：阴阳合一。
源流：孙式九十七式太极拳第九十六式。
技法：掤。

动作过程：右脚向后撤步成左虚步；同时，双拳合于胸前，交叉向外翻转，拳面斜向上；目视前方。
动作要点：动作连贯，上下要协调一致；力达拳心。

虚步 029

传统术语：虚步按掌（四十二式）。

现代术语：虚步压掌。

源流：四十二式太极拳竞赛套路第三十式。

技法：按。

动作过程：右腿屈膝提起落步成右虚步；同时，左手由上向下按至右膝上方，指尖向右，掌心向下；右手由左向右划弧按至右胯外侧，指尖向前，掌心向下；目视前下方。

动作要点：上下相随，协调一致；力达掌根。

1.5 歇步

歇步 001

传统术语：歇步擒打（四十二式）。

现代术语：歇步擒打。

源流：四十二式太极拳竞赛套路第三十四式。

技法：採、按、冲。

动作过程： 右脚向左前方盖步成歇步；同时，左掌变拳收于腹前，拳眼向内；右掌变拳向前下方冲出，拳面向前；目视前下方。

动作要点： 上下协调一致；力达拳面。

1.6 独立步

独立步 001

传统术语：提收（陈式）。

现代术语：提收。

源流：陈式一路八十三式太极拳第九、第十二式。

技法：插。

动作过程： 左腿屈膝提起成独立步；同时，双手经胸前向前插出，左手置于左膝前，右手置于左臂内侧，双掌掌心向下；目视前方。

动作要点： 动作协调一致；力达指尖。

独立步 002
传统术语：海底翻花（陈式）。
现代术语：海底翻花。
源流：陈式二路七十一式太极拳第三十式。
技法：崩。

动作过程：左腿屈膝提起成独立步；同时，左拳向右、向上、向左划弧至左膝外侧，拳眼向外；右拳向下、向右、向上划弧至头部右侧，拳面向上；目视前方。
动作要点：提膝、举臂、下压协调一致；力达拳面。

独立步 003

传统术语：白猿献果（陈式）。

现代术语：白猿献果。

源流：陈式一路八十三式太极拳第七十四式。

技法：冲。

动作过程：右腿屈膝提起成独立步；同时，左手变拳收于左腰侧，拳眼向左；右拳冲至右肩前，拳眼向右；目视前方。

动作要点：动作协调、连贯；力达拳面。

独立步 004

传统术语：金鸡独立（陈式）。

现代术语：金鸡独立。

源流：陈式五十六式竞赛套路第三十七式。

技法：採、推。

动作过程： 右腿屈膝提起成独立步；同时，左手按至左胯旁，掌心向下；右手上穿至右额上方，掌心斜向上；目视前方。

动作要点： 上穿、下按协调一致；力达掌根。

独立步 005

传统术语：金鸡独立（杨式）。

现代术语：金鸡独立。

源流：杨式八十五式太极拳第八十式。

技法：採、挑。

动作过程： 左腿屈膝提起成独立步；同时，左手向上挑至体前，指尖向上，掌心向右；右手按于右胯外侧，指尖向前，掌心向下；目视前方。

动作要点： 上体自然中正；力达掌根。

独立步 006

传统术语：金鸡独立（吴式）。

现代术语：金鸡独立。

源流：吴式八十四式太极拳第七十七式。

技法：採、推。

动作过程：右腿屈膝提起成独立步；同时，右手上举至额前上方，掌心斜向上，指尖向左；左手按至腹前，掌心向下，指尖向右；目视前方。

动作要点：上体保持直立；力达掌根。

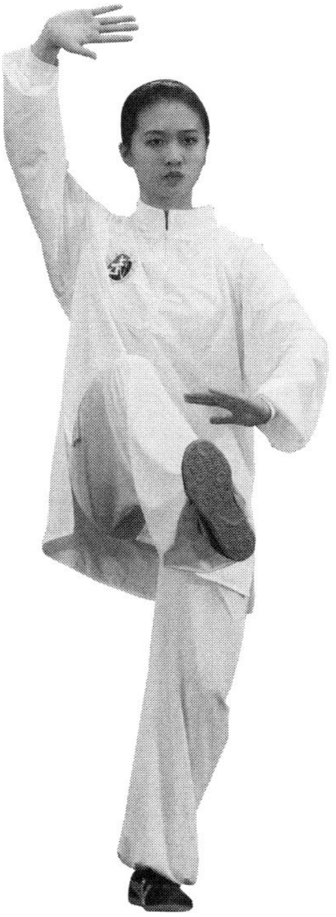

独立步 007

传统术语：金鸡独立（孙式）。

现代术语：金鸡独立。

源流：孙式九十七式太极拳第九十三式。

技法：採、挑。

动作过程：左腿屈膝提起成独立步；同时，左手上挑至耳侧，指尖斜向后，掌心向内；右手落至右胯外侧，指尖向下，掌心向内；目视前方。

动作要点：上体保持直立，动作协调连贯；力达指尖。

独立步 008

传统术语：更鸡独立（武式）。

现代术语：更鸡独立。

源流：武式九十六式太极拳第六十五式。

技法：採、托。

动作过程： 左腿屈膝提起成独立步；同时，左手向上托举至体前，掌心向上，指尖向左；右手下按至右胯外侧，掌心向下，指尖向前；目视前方。

动作要点： 左手上撩成托掌；力达掌根。

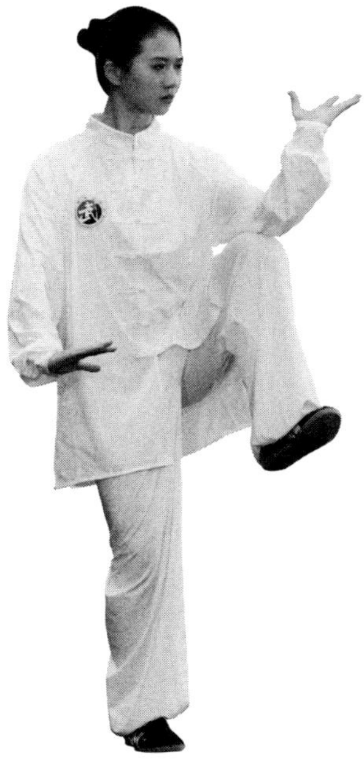

独立步 009

传统术语：退步跨虎（吴式）。

现代术语：退步跨虎。

源流：吴式八十四式太极拳第七十五式。

技法：刁、推。

动作过程：左腿屈膝提起成独立步；同时，右手经右耳侧向前推出，指尖斜向上；左手提至身体左侧成勾手，勾尖向下；目视右手。

动作要点：动作协调一致；力达掌根。

独立步 010
传统术语：退步跨虎（四十二式）。
现代术语：退步跨虎。
源流：四十二式太极拳竞赛套路第三十七式。
技法：刁、挑。

动作过程：左腿屈膝提起成独立步；同时，右手向上挑起，掌心向前，指尖向上；左手提至身体左侧成勾手，勾尖向下；目视前方。

动作要点：动作协调一致；力达掌根。

独立步 011

传统术语：独立打虎（吴式）。

现代术语：独立打虎。

源流：吴式八十四式太极拳第三十六式。

技法：冲。

动作过程： 左腿屈膝提起成独立步；同时，双手捋至左膝上方，右手变拳架于右额上方，左手变拳置于右胸前，双拳拳眼相对；目视左前方。

动作要点： 上下相随，协调一致；力达拳面。

独立步 012

传统术语：独立打虎（四十二式）。

现代术语：独立打虎。

源流：四十二式太极拳竞赛套路第二十式。

技法：冲。

动作过程： 右腿屈膝提起成独立步；同时，左手变拳架至左额上方；右手变拳收于左胸前，双拳拳眼相对；目视右前方。

动作要点： 上下相随，协调一致；力达拳面。

独立步 013

传统术语：独立托掌（四十二式）。

现代术语：独立托掌。

源流：四十二式太极拳竞赛套路第三十一式。

技法：托。

动作过程：右腿屈膝提起成独立步；同时，右手上托至体前，掌心向上，指尖向前；左手向左、向上划弧撑至身体左侧，掌心向外，指尖斜向上；目视前方。

动作要点：上体自然直立；力达掌根。

1.7 偏马步

偏马步 001

传统术语：中盘（陈式）。

现代术语：中盘。

源流：陈式一路八十三式太极拳第二十四式。

技法：按。

动作过程： 右脚以脚跟内侧向右贴地铲出成偏马步；同时，右手向右、向下、向左，左手向左、向上、向右划弧相合，随即左手按至左膝上方，掌心向下，指尖向前，右手成刁手提至右额斜前方，指尖斜向下；目视前方。

动作要点： 动作协调一致；力达掌根。

偏马步 002

传统术语：背折靠（陈式）。

现代术语：背折靠。

源流：陈式一路八十三式太极拳第十七式。

技法：靠。

动作过程： 右脚提起向右横落成偏马步；同时，屈右肘右拳上举至右额旁，拳眼向内；左拳拳面紧贴左腰侧；目视左脚。

动作要点： 动作协调一致；力达肘尖。

偏马步 003

传统术语：贴身靠（陈式）。

现代术语：贴身靠。

源流：陈式太极拳推手发力。

技法：靠。

动作过程： 右脚提起向右前方落步成偏马步；同时，左手由外向内划弧收至胸前，指尖斜向上；右手向右划弧至右腿外侧，转腰靠击，指尖向下；目视右前方。

动作要点： 上下协调一致；力达肩部。

偏马步 004

传统术语：懒扎衣（陈式）。

现代术语：揽扎衣。

源流：陈式一路八十三式太极拳第三式。

技法：掤、捋、採、挒、按。

动作过程：（1）右脚以脚跟内侧向右贴地铲出；同时，右手向左、向上，左手向右、向下划弧交叉合于胸前，右手在外，掌心斜向上，左手在内，掌心向右；目视右侧。

（2）重心右移成偏马步；同时，右手向右划弧至右前方，塌腕立掌，掌心向前；左手落至腹前，掌心向上；目视右手。

动作要点：动作协调一致；力达掌根。

偏马步 005
传统术语：青龙出水（陈式）。
现代术语：青龙出水。
源流：陈式一路八十三式太极拳第十八式。
技法：挒。

动作过程：（1）右脚提起向右前方落步；同时，右拳向下、向右、向前划弧至右膝上方，拳面斜向下；左拳向右、向下、向左划弧置于左腹前，拳面向前；目视右拳。

（2）身体右转；同时，左拳变掌，拇指、食指伸展，其余三指微屈，向右前下方弹出，掌心斜向下；右拳收至左上臂内侧，拳眼斜向上；目视左手。

（3）重心前移成偏马步；同时，右拳向右前下方发出，拳眼斜向内；左手收至左腹前，掌心向内；目视右拳。

动作要点：发劲转腰沉胯；力达拳轮。

偏马步 006

传统术语：护心捶（陈式）。

现代术语：护心捶。

源流：陈式一路八十三式太极拳第三十九式。

技法：掤。

动作过程： 右脚提起横落成偏马步；同时，右手向左、向下、向右划弧变拳经胸前向前掤出，拳眼斜向上；左手变拳收至右肋前，拳眼斜向上；目视前方。

动作要点： 双臂在胸前缠绕协调一致；力达拳面。

偏马步 007
传统术语：护心捶（陈式）。
现代术语：护心捶。
源流：陈式新架二路太极拳第七式。
技法：掤。

动作过程：右脚蹬地跃起，左脚落步，右脚向右横落成偏马步；同时，右手向左、向下、向右划弧变拳经胸前向前掤出，拳面向上；左手变拳收至右肋前，拳眼向上；目视前方。
动作要点：双臂在胸前缠绕协调一致；力达拳面。

偏马步 008

传统术语：劈架子（陈式）。

现代术语：劈架子。

源流：陈式二路七十一式太极拳第三十八式。

技法：崩。

动作过程：右脚震脚落地，左脚向左前方落步成偏马步；同时，左拳向上、向左、向下，右拳向下、向右、向上划弧合于胸前，随即变掌向两侧发劲，左手掌心向上，右手掌心向下；目视左前方。

动作要点：上下相随，协调一致；力达前臂外侧。

偏马步 009
传统术语：当头炮（陈式）。
现代术语：当头炮。
源流：陈式一路八十三式太极拳第八十一式。
技法：冲。

动作过程： 左脚向后撤步，成偏马步；同时，双手向下、向左划弧，随即变拳向前掤击，右拳与肩同高，拳眼向上，左拳在右前臂下方，拳眼向上；目视前方。
动作要点： 掤击迅速；力达拳面。

偏马步 010

传统术语：搬拦捶（陈式）。

现代术语：搬拦捶。

源流：陈式二路七十一式太极拳第六式。

技法：横击。

动作过程：（1）左脚以脚跟内侧向左贴地铲出成偏马步；同时，双手向下、向右划弧摆至右胯外侧，翻腕变拳向左横击发出，右拳拳心向上，左拳拳心向下；目视左拳。

（2）重心移至右腿；同时，双拳上下翻腕向右横击发出，右拳拳心向上，左拳拳心向下；目视右拳。

动作要点：左、右横击抖发协调一致；力达拳面。

偏马步 011

传统术语：斜形拗步（陈式）。

现代术语：斜形拗步。

源流：陈式一路八十三式太极拳第八式。

技法：搂、推、按。

动作过程：（1）左脚以脚跟内侧向左贴地铲出；同时，右手向右、向下划弧置于右胯外侧，指尖向前，掌心向下；左手向前推出，指尖向上，掌心向右；目视前方。

（2）重心左移成左偏马步；同时，左手向右、向下、向左划弧于左胸前成勾手后至身体左侧，勾尖向下；右手屈肘至右耳侧后向左划弧平展至右胸前，指尖向上，掌心斜向前；目视右前方。

动作要点：松肩、沉腕与转腰、合胯下沉一致；力达掌根。

偏马步 012

传统术语：单鞭（陈式）。

现代术语：单鞭。

源流：陈式一路八十三式太极拳第五式。

技法：按。

动作过程：（1）双腿与肩同宽，屈膝半蹲；右手成勾手向右前方上提，勾尖向下；左手收至腹前，掌心向上；目视右手。

（2）左脚以脚跟内侧向左贴地铲出成偏马步；同时，左手划弧平展至身体左侧，指尖向上，掌心向前；右手不变；目视前方。

动作要点：动作协调一致；力达掌根。

偏马步 013

传统术语：马步靠（四十二式）。

现代术语：马步靠。

源流：四十二式太极拳竞赛套路第三十二式。

技法：靠。

动作过程：左腿屈膝提起向左落步成偏马步；同时，左手变拳向左靠出，拳眼向内，拳面向下，置于左膝前；右手托起屈收至左臂内侧，掌心向左；目视前方。

动作要点：上下相随，协调一致；力达前臂外侧。

1.8 平行步

平行步 001

传统术语：起势（四十二式）。

现代术语：起势。

源流：太极拳基本技术。

技法：提、按。

动作过程：左脚向左开步，双腿屈膝成平行步；双手平举至与肩同高，随即下按落于腹前，指尖向前，掌心向下；目视前方。

动作要点：上下相随，协调一致；力达掌根。

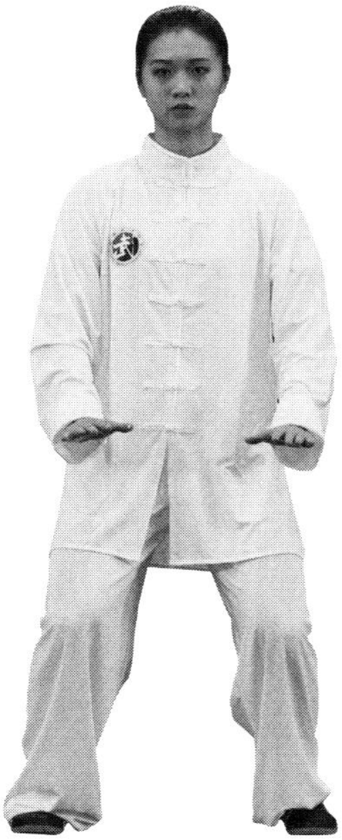

平行步 002
传统术语：收势（四十二式）。
现代术语：收势。
源流：太极拳基本技术。
技法：按。

动作过程：左脚收至右脚内侧，双脚并拢直立；双掌下落至双腿外侧，指尖向下；目视前方。

动作要点：上下相随，协调一致；力达掌根。

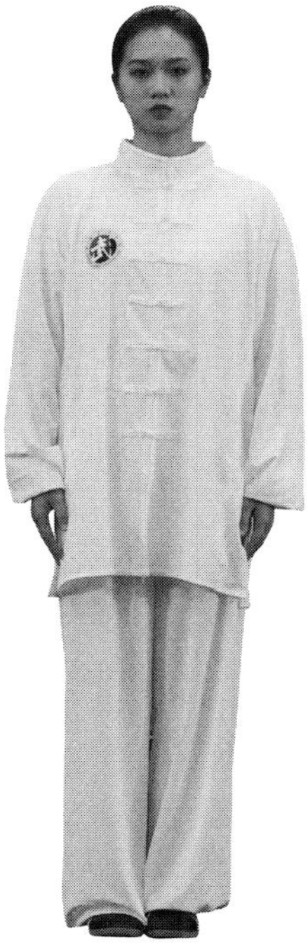

平行步 003

传统术语：井揽直入（陈式）。

现代术语：井揽直入。

源流：陈式二路七十一式太极拳第六十八式。

技法：按。

动作过程： 左腿提起向左落步成平行步；同时，双手握拳，右拳向上、向右、向下，左拳向下、向左、向上划弧合至胸前，随即左手变掌下按至左大腿外侧，掌心向下，右手变掌向上顶肘至右耳外侧，掌心向下；目视左手。

动作要点： 上下相随，协调一致；力达掌根。

平行步 004

传统术语：金刚捣碓（陈式）。

现代术语：金刚捣碓。

源流：陈式一路八十三式太极拳第二式。

技法：撩、冲。

动作过程：（1）右脚提起向前落步成右虚步；同时，右手划弧前撩至右腹前，掌心斜向上，指尖斜向下；左手划弧合至右前臂上，掌心向下；目视右手。

（2）右腿屈膝提起；同时，右手变拳冲至鼻前，拳面向上；左手翻掌至腹前，掌心向上；目视前方。

（3）右脚向左脚内侧震脚成平行步；同时，左手不变；右拳砸至左掌心上，拳眼向前；目视前方。

动作要点：屈膝松胯，气沉丹田；力达拳面。

平行步 005

传统术语：十字手（杨式）。

现代术语：十字手。

源流：杨式四十式竞赛套路第三十九式。

技法：掤。

动作过程： 双腿直立成平行步；双手划弧交叉掤至胸前，掌心向内；目视前方。

动作要点： 身体自然直立，沉肩垂肘。

平行步 006

传统术语：提手上势（吴式）。

现代术语：提手上势。

源流：吴式八十四式太极拳第五式。

技法：採、按。

动作过程： 双腿直立成平行步；右勾手经右胯外侧划弧提起，举至右额上方变掌，掌心斜向上；左手经右胯外侧划弧按至腹前，掌心向下，指尖向右；目视前方。

动作要点： 身体中正安舒；动作协调一致；力达掌根。

平行步 007

传统术语：白鹤亮翅（吴式）。

现代术语：白鹤亮翅。

源流：吴式八十四式太极拳第六式。

技法：採。

动作过程： 双腿直立成平行步；右手上举至右额上方，掌心向前；左手经左膝外侧直臂上举至左额上方，掌心向前；目视前方。

动作要点： 双膝不得内扣或外展；力达指尖。

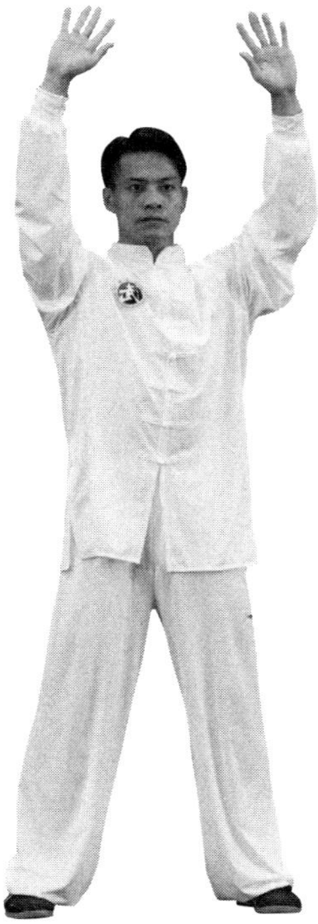

平行步 008

传统术语：手挥琵琶（吴式）。

现代术语：手挥琵琶。

源流：吴式八十四式太极拳第八式。

技法：穿、按。

动作过程：右脚收至左脚内侧成平行步；同时，双手合至右腹前，掌心相对，随即左手翻转穿至左前方，掌心斜向上；右手落至腹前，掌心向下；目视前方。

动作要点：上下协调一致，动作连贯完成；力达指尖。

1.9 横开步

横开步 001

传统术语：披身捶（陈式）。

现代术语：披身捶。

源流：陈式一路八十三式太极拳第十六式。

技法：採。

动作过程：左脚提起向左横落成横开步；同时，左拳向前、向下、向左划弧至左腰外侧，拳眼向内；右拳向右、向上、向左划弧至右肩前，拳眼向右；目视前方。

动作要点：重心转换协调一致；力达前臂内侧。

横开步 002

传统术语：斜飞式（吴式）。

现代术语：斜飞式。

源流：吴式八十四式太极拳第十七式。

技法：採、按。

动作过程： 左脚提起向左横落成横开步；同时，左手向右下方划弧至右膝外侧，随即向左上方分举至身体左侧，掌心斜向上；右手收至左肩前，随即向右下方分展至右胯外侧，掌心向下；目视右手。

动作要点： 松腰沉胯；力达掌根。

横开步 003

传统术语：斜飞式（四十二式）。

现代术语：斜飞式。

源流：四十二式太极拳竞赛套路第二十六式。

技法：採、按。

动作过程： 右脚提起向右横落成横开步；同时，右手向下、向左，左手向上、向右划弧合至胸前，随即右手分举至身体右侧，掌心斜向上，左手按至左胯外侧，掌心向下；目视左手。

动作要点： 上下相随，协调一致；力达掌根。

横开步 004

传统术语：单鞭（孙式）。

现代术语：单鞭。

源流：孙式九十七式太极拳第五式。

技法：推、按。

动作过程： 右腿提起向右横落成横开步；同时，双手合于胸前，随即分别向身体两侧分开，腕与肩同高，指尖向上，掌心向外；目视右手。

动作要点： 上下相随，协调一致；力达掌根。

1.10 丁步

丁步 001

传统术语：提手上势（孙式）。

现代术语：提手上势。

源流：孙式九十七式太极拳第六式。

技法：合。

动作过程： 右脚收至左脚内侧成丁步；同时，左手举至额前，指尖向右，掌心向前；右手向下、向左划弧至小腹前，指尖向下，掌心向右；目视前方。

动作要点： 动作连贯，协调一致；力达掌背。

2 步法

2.1 进步

进步 001
传统术语：左右二肱（陈式）。
现代术语：左右二肱。
源流：陈式太极拳体系。
技法：冲。

动作过程：（1）左脚向前进步；同时，左拳向前搬出，拳眼向上；右拳收至右肋侧，拳心向上；目视前方。
（2）右脚向前进步；同时，右拳向前冲出，拳面向前；左拳向后屈肘收至左肋侧，拳心向上；目视前方。
（3）左脚向前进步；同时，左拳、右拳、左拳依次向前冲出，拳面向前，右拳收至右肋侧；目视前方。
动作要点：力达拳面。

进步 002

传统术语：进步拗拦肘（陈式）。

现代术语：进步拗拦肘。

源流：陈式太极拳体系。

技法：肘。

动作过程：（1）右脚提起向前进步；同时，右手向前推出，掌心向前，指尖向上；左手收至左腹前，掌心向上，指尖向前。

（2）左脚、右脚依次进步转身；同时，左手由内向外划弧至体前，指尖向前；右手由外向内划弧变拳向左掌心击肘，肘尖向前；目视前方。

动作要点：动作协调一致；力达肘部。

2.2 退步

退步 001

传统术语：闪通背（陈式）。

现代术语：闪通背。

源流：陈式一路八十三式太极拳第六十六式。

技法：扫、按。

动作过程： 右脚贴地向后扫至左脚后方；同时，左手向上、向右划弧至左耳侧，随即向下按出，指尖斜向上，掌心斜向右；右手向前、向右、向下划弧至右腹前，指尖向左，掌心向下；目视左掌。

动作要点： 动作协调一致；力达掌根。

退步 002

传统术语：兽头势（陈式）。

现代术语：兽头势。

源流：陈式二路七十一式太极拳第三十七式。

技法：崩。

动作过程： 右脚、左脚依次退步；同时，左拳、右拳向前连击崩出，拳眼向上，左拳收至左腹前；目视前方。

动作要点： 上下相随，协调一致；力达拳面。

退步 003

传统术语：退步压肘（陈式）。

现代术语：退步压肘。

源流：陈式太极拳竞赛套路第三十九式。

技法：肘。

动作过程：（1）右脚、左脚依次退步；同时，右手翻转向下推出后收至右腰侧，掌心向内；左手翻转至左腰侧后屈肘转腰下压，掌心向外；目视后方。

（2）右脚提起向后撤步；同时，右手向前划弧变拳回抽，拳眼向上；左手由外向内划弧再向前推出，拇指和食指伸直，其余三指弯曲；目视左前方。

动作要点：上下相随，协调一致；力达肘尖。

退步 004

传统术语：退步压肘（陈式）。

现代术语：退步压肘。

源流：陈式太极拳体系。

技法：肘。

动作过程：（1）双手划弧至胸前翻转，右手掌心向上，左手附于右上臂内侧。

（2）右脚向后擦地退步；同时，左手向前下方横推，掌心向下；右臂屈肘回抽至右肋侧，掌心向上；目视左掌。

动作要点：上下相随，协调一致；力达肘尖。

退步 005

传统术语：退步压肘（第三套）。

现代术语：退步压肘。

源流：陈式太极拳体系。

技法：肘。

动作过程：（1）双腿与肩同宽，屈膝半蹲；双手屈臂翻转，右肘向前横击，肘尖向前，左手收至腹前，掌心向上；目视前方。

（2）右脚向后擦地退步；同时，左手向前下方横推，掌心向下；右臂屈肘回抽至右肋侧，掌心向上；目视前方。

动作要点：顶肘发力协调一致；力达肘尖。

退步 006

传统术语：倒卷肱（陈式）。

现代术语：倒卷肱。

源流：陈式一路八十三式太极拳第二十二式。

技法：採、推。

动作过程：（1）右脚向后退步；同时，双手向外平展，左手经左耳侧向前推出，掌心向前，指尖向上，右手落于右胯外侧，掌心向下，指尖向前；目视前方。

（2）与（1）动作相同，唯左、右方向相反。

动作要点：动作协调一致；力达掌根。

退步 007

传统术语：倒卷肱（杨式）。

现代术语：倒卷肱。

源流：杨式八十五式太极拳第十七式。

技法：採、推。

动作过程：（1）右腿屈膝提起向后退步；同时，左手经耳侧向前推出，掌心向前，指尖向上；右手落至腹前，掌心向上，指尖向前；目视前方。

（2）与（1）动作相同，唯左、右方向相反。

动作要点：动作协调一致；力达掌根。

2.3 上步

上步 001

传统术语：前蹚拗步（陈式）。

现代术语：前趟。

源流：陈式一路八十三式太极拳第十式。

技法：推。

动作过程：（1）左腿屈膝提起向左前方上步；同时，左手屈肘横于胸前，掌心向内；右手向右、向上划弧至左前臂内侧，掌心向左；目视前方。

（2）右腿屈膝提起，以脚跟内侧向右贴地铲出；同时，双腕交叉翻转，向两侧平展，腕同肩高，掌心向外；目视前方。

动作要点：上下相随，协调一致；力达掌根。

上步 002
传统术语：倒骑麟（陈式）。
现代术语：倒骑麟。
源流：陈式二路七十一式太极拳第二十六式。
技法：推。

动作过程：右脚提起向前上步，左脚跟步；同时，右掌置于胸前，左掌置于右前臂内侧，向前推掌，掌心均向外；目视前方。上述动作重复两次。

动作要点：上下相随、协调一致；力达掌根。

2.4 跟步

跟步 001

传统术语：白蛇吐芯（陈式）。

现代术语：白蛇吐芯。

源流：陈式新架二路。

技法：插。

动作过程： 左脚向前上步，右脚跟步；同时，左手向下、向左划弧至左胯旁，指尖向前，掌心向下；右手向前插出，指尖向前，掌心向上；目视前方。

动作要点： 身体自然直立；动作协调一致；力达指尖。

跟步 002

传统术语：连珠炮（陈式）。

现代术语：连珠炮。

源流：陈式二路七十一式太极拳第二十三式。

技法：推。

动作过程：（1）左脚提起向左落步成虚步；同时，左手托至左肩前，指尖向前，掌心向上；右手成刁手提至右肩前，指尖斜向下；目视前方。

（2）左脚落步，右脚跟步；同时，双手经耳侧收于胸前，向左前方推出，掌心均向外；目视左前方。

重复（1）（2）各一次。

动作要点：动作协调一致；力达掌根。

跟步 003
传统术语：懒扎衣（孙式）。
现代术语：揽扎衣。
源流：孙式九十七式太极拳第八十六式。
技法：捋、挤、掤、按。

动作过程：（1）左脚后撤，右脚收至左脚前；同时，双手下捋至腹前，指尖向前；目视前方。

（2）右脚上步，左脚跟至右脚后；同时，右手翻掌向前穿出，掌心向上；左手附于右腕处，掌心向下；目视前方。

（3）左脚后撤，重心移至左腿；同时，右手向右划弧至胸前，掌心向前；左手附于右腕处，掌心斜向下；目视前方。

（4）重心前移，左脚跟至右脚后；同时，右手向前推出，掌心向前；左手附于右腕处，掌心向下；目视前方。

动作要点：动作连贯；力达掌根。

跟步 004
传统术语：进步搬拦捶（孙式）。
现代术语：进步搬拦捶。
源流：孙式九十七式太极拳第十二式。
技法：穿、冲。

动作过程：（1）左脚、右脚、左脚依次进步；同时，右手、左手依次向前穿出，掌心相对；目视前方。

（2）右脚跟至左脚后；同时，左手握拳屈臂至胸前，拳眼向内；右手变拳向前冲出，拳眼向上；目视前方。

动作要点：上下协调一致；力达拳面。

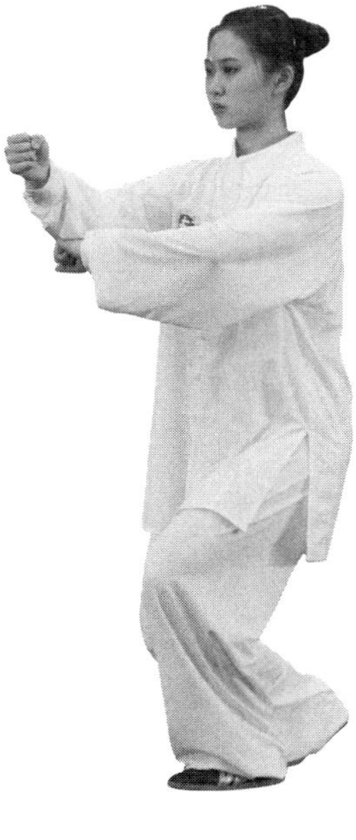

跟步 005

传统术语：进步指裆捶（孙式）。

现代术语：进步指裆捶。

源流：孙式九十七式太极拳第八十五式。

技法：冲。

动作过程： 右脚、左脚、右脚依次进步，左脚随即跟至右脚后；同时，双手分别向两侧划弧后收至腰间，随即右手变拳向前下方冲出，拳眼向上，左掌附于右前臂内侧，指尖斜向上；目视前下方。

动作要点： 上下协调一致；力达拳面。

跟步 006

传统术语：搂膝拗步（孙式）。

现代术语：搂膝拗步。

源流：孙式九十七式太极拳第十式。

技法：搂、推。

动作过程：（1）左腿屈膝提起向前落步；同时，左手按至腹前，掌心向下；右手向右上方插掌，掌心向上；目视右手。

（2）重心前移，右脚跟至左脚后；同时，左手搂至左胯外侧，指尖向前，掌心向下；右手向前平推，指尖向上，掌心向前；目视前方。

动作要点：动作协调一致；力达掌根。

跟步 007

传统术语：双撞捶（孙式）。

现代术语：双撞捶。

源流：孙式九十七式太极拳第八十四式。

技法：冲。

动作过程：（1）双腿屈膝半蹲；同时，双手向左前方穿出，指尖向前，掌心向上。

（2）左腿提起向左前方落步，右脚跟至左脚后；同时，双手变拳收至腹前后向前冲出，拳眼相对；目视两拳。

动作要点：上下协调一致；力达拳面。

跟步 008

传统术语：双撞捶（武式）。

现代术语：双撞捶。

源流：武式太极拳竞赛套路第四十五式。

技法：冲。

动作过程： 左腿屈膝提起向左前方落步，右脚跟至左脚后；同时，左手向左前方划弧平抹，随即双手向后下捋收至胯旁后变拳冲出，拳眼向上；目视前方。

动作要点： 上下协调一致；力达拳面。

跟步 009

传统术语：倒撵猴（孙式）。

现代术语：倒撵猴。

源流：孙式九十七式太极拳第二十三式。

技法：採、推。

动作过程：（1）左脚收至右脚内侧；同时，左手按至腹前，掌心向下；右手翻掌向右上方插掌，掌心向上；目视右手。

（2）左脚提起向左前方落步，右脚跟至左脚后；同时，左手搂至左胯外侧，掌心向下；右手向前推出，指尖向上，掌心向前；目视前方。

（3）与（1）（2）动作相同，唯左、右方向相反。

动作要点：动作协调连贯；力达掌根。

跟步 010

传统术语：倒撵猴（武式）。

现代术语：倒撵猴。

源流：武式九十六式太极拳第六十六式。

技法：採、推。

动作过程：（1）左腿屈膝提起向左前方落步成左弓步，右脚随即跟至左脚后；同时，右手上提至耳侧后向前推出，指尖向上，掌心向左；左手经腹前搂至左膝外侧，掌心向下；目视前方。

（2）与（1）动作相同，唯左、右方向相反。

动作要点：动作协调一致；力达掌根。

跟步 011
传统术语：玉女穿梭（孙式）。
现代术语：玉女穿梭。
源流：孙式九十七式太极拳第六十二式。
技法：合、架、推。

动作过程：（1）右脚提起向前落步；同时，双手合于胸前，左手掌心向上，右手附于左前臂内侧，掌心向下；目视前方。

（2）左脚提起向左前方落步，右脚跟至左脚后；同时，左手划弧至额前，掌心向外；右手推至左胸前，掌心向左；目视前方。

（3）与（1）（2）动作相同，唯左、右方向相反。

（4）动作与（1）（2）动作相同。

（5）左脚提起向前落步；同时，双手合于胸前，右手掌心向上，左手附于右前臂内侧，掌心向下；目视前方。

（6）右脚提起向前落步，左脚跟至右脚后；同时，右手划弧至额前，掌心向外；左手向前推出，掌心向前；目视前方。

动作要点：虚实变换灵活；力达掌根。

跟步 012

传统术语：玉女穿梭（武式）。

现代术语：玉女穿梭。

源流：武式九十六式太极拳第五十七式。

技法：架、推。

动作过程：（1）左腿屈膝提起向左前方落步成左弓步，右脚随即跟至左脚后；同时，左手向外划弧至左额上方，指尖向右，掌心向外；右手由右肋侧推至胸前，指尖向上，掌心向左；目视前方。

（2）与（1）动作相同，唯左、右方向相反。

（3）与（1）动作相同。

（4）与（1）动作相同，唯左、右方向相反。

动作要点：上下协调一致；力达掌根。

跟步 013

传统术语：白鹤亮翅（武式）。

现代术语：白鹤亮翅。

源流：武式九十六式太极拳第六式。

技法：掤、捋、挤、按。

动作过程：右腿屈膝提起向右前方落步，左脚跟至右脚后；同时，右手向右上方划弧至右额前上方，掌心向外；左手下落至左胯外侧，掌心向下；目视前方。

动作要点：动作连贯；力达掌根。

跟步 014

传统术语：对心掌（武式）。

现代术语：对心掌。

源流：武式九十六式太极拳第八十四式。

技法：採、合。

动作过程：（1）左腿屈膝提起向前落步成左弓步；同时，左手抬至左额上方，指尖向右；右手由右肋侧推至胸前，指尖向上；目视前方。

（2）重心前移，右脚跟至左脚后；同时，双手交叉下落至腹前后划弧向前推出，掌心向前；目视前方。

动作要点：上下协调一致；力达掌根。

跟步 015

传统术语：云手（武式）。

现代术语：云手。

源流：武式九十六式太极拳第三十三式。

技法：掤、推。

动作过程：（1）左脚收至右脚内侧；同时，左手经腹前向上翻转云手，指尖向上，掌心向外；右手由右胯外侧划弧至腹前，掌心向上；目视左手。

（2）左脚内扣，右腿屈膝提起向右落步，重心前移成右弓步；同时，右手经腹前向上翻转云手，指尖向上，掌心向左；左手向下、向右划弧至腹前，掌心向上；目视右手。

（3）与（1）动作相同。

（4）与（2）动作相同。

动作要点：开合有致，内外相合；力达掌根。

跟步 016

传统术语：三甬背（武式）。

现代术语：闪通背。

源流：武式九十六式太极拳第三十式。

技法：採、穿。

动作过程：（1）左腿屈膝提起向前落步，重心前移成左弓步；同时，左手由左胯外侧向前穿出，指尖向前，掌心向下；右手先由右胯外侧穿出再向后收至腹前，掌心斜向下。

（2）重心后移；同时，左手收至胸前，指尖向前，掌心向右；右手上提至耳侧，指尖向前，掌心向左。

（3）重心前移成左弓步；同时，双手向前穿出，指尖向前，掌心相对；目视前方。

（4）左脚尖外撇踏实；同时，右手收至胸前，指尖向前，掌心向左；左手上提至耳侧，指尖向前，掌心向右。

（5）右腿屈膝提起向前落步，重心前移成右弓步；同时，双手向前穿出，指尖向前，掌心相对；目视前方。

（6）重心前移，左脚跟至右脚后；同时，双手下落至腹前后划弧向前推出，掌心向前；目视前方。

动作要点：动作连贯平稳；力达掌根。

跟步 017

传统术语：如封似闭（武式）。

现代术语：如封似闭。

源流：武式九十六式太极拳第四十九式。

技法：採、合。

动作过程：（1）右脚向后撤步，左脚收至右脚前；同时，双手向前平抹后收至胸前立掌，掌心向前；目视前方。

（2）左脚向前上步，右脚跟至左脚后；同时，双手向外划弧合于胸前，掌心向前；目视前方。

动作要点：上体保持直立；力达掌根。

跟步 018

传统术语：如封似闭（四十二式）。

现代术语：如封似闭。

源流：四十二式太极拳竞赛套路第十式。

技法：按。

动作过程：（1）右脚向后撤步，重心移至右腿；同时，双手向前穿出后收至胸前立掌，掌心斜相对；目视前方。

（2）右脚跟至左脚后；同时，双手下按至腹前后向前、向上推出，掌心向前；目视前方。

动作要点：上下相随，协调一致；力达掌根。

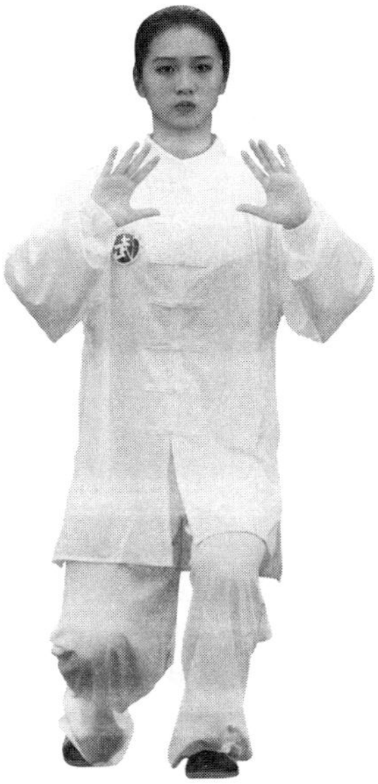

2.5 侧行步

侧行步 001

传统术语：云手（杨式）。

现代术语：云手。

源流：杨式八十五式太极拳第二十八式。

技法：掤、捋。

动作过程：（1）左脚提起向左横落；同时，右手向左、向上、向右经面前划弧至右前方，掌心斜向下，指尖斜向上；左手向下、向右经腹前划弧至右肘内侧，掌心斜向上；目视右侧。

（2）重心左移，右脚收至左脚内侧；同时，左手向右、向上、向左经面前划弧至左前方，掌心向右，指尖向上；右手向左、向下经腹前划弧至左肘内侧，掌心斜向上；目视左前方。

动作要点：身体转动以腰为轴；力达掌根。

侧行步 002

传统术语：云手（吴式）。

现代术语：云手。

源流：吴式八十四式太极拳第二十七式。

技法：掤、捋。

动作过程：（1）左脚提起向左横落；同时，右手向左、向上、向右经面前划弧至右肩前上方，掌心斜向上；左手向下、向右经腹前划弧至左胯外侧，掌心斜向下；目视右手。

（2）左脚外摆，右脚内扣收至左脚内侧；同时，右手翻掌向下、向左经腹前划弧至右胯外侧，掌心斜向下；左手翻掌向右、向上、向左经面前划弧至左肩前上方，掌心斜向上；目视左手。

动作要点：动作协调一致；力达前臂外侧。

侧行步 003
传统术语：云手（孙式）。
现代术语：云手。
源流：孙式九十七式太极拳第三十六式。
技法：掤、捋。

动作过程：（1）左脚提起向左横落；同时，右手向左、向上、向右经面前划弧至右前方，掌心向前，指尖向上；左手向下、向右划弧至腹前，掌心向下；目视右侧方。
（2）重心左移，右脚收至左脚内侧；同时，左手向右、向上、向左经面前划弧至左前方，掌心斜向前，指尖向上；右手向下、向左划弧至腹前，掌心向下；目视左前方。
动作要点：身随手转；力达掌根。

2.6 跳步

跳步 001

传统术语：窝里炮（陈式）。

现代术语：窝里炮。

源流：陈式二路七十一式太极拳第六十七式。

技法：冲。

动作过程： 双脚向前跳步；同时，右手、左手依次由下向上划弧合至胸前，随即右手变拳向前下方冲出，拳眼向内，拳面向下，左手屈臂顶肘至左腰外侧，指尖斜向下；目视右手。

动作要点： 上下相随，协调一致；力达前臂外侧。

跳步 002

传统术语：转身当头炮（陈式）。

现代术语：转身当头炮。

源流：陈式一路八十一式太极拳第八十一式。

技法：冲。

动作过程：右脚向后落步，转身跳起，左脚、右脚依次落地；同时，双手掌心向下横向随旋转带至前方，随即下捋至腹前变拳向前掤出，拳眼向上；目视前方。

动作要点：发劲掤击；力达拳背。

2.7 踏步

踏步 001

传统术语：斩手（陈式）。

现代术语：斩手。

源流：陈式二路七十一式太极拳第十五式。

技法：切。

动作过程： 右脚向前落步，左脚提起向右脚内侧震脚；同时，右手屈臂翻转至腹前，掌心向上；左手向下切掌，掌心斜向内；目视左手。

动作要点： 左脚震脚与左手向下切掌协调一致；力达掌根。

2.8 跳踏步

跳踏步 001

传统术语：双震脚（陈式）。

现代术语：双震脚。

源流：陈式一路八十三式太极拳第五十三式。

技法：按。

动作过程：（1）左脚向后撤步成右虚步；同时，双手由两侧向下划弧合至腹前，右手在前，左手在右肘内侧，掌心均向上；目视右手。

（2）右腿屈膝提起，左脚蹬地跳起，左脚、右脚依次踏地；同时，双手托于胸前后再下按至腹前，右手在前，左手在右臂内侧，掌心均向下；目视前方。

动作要点：双脚依次下落踏地震脚；力达掌根。

跳踏步 002

传统术语：翻花舞袖（陈式）。

现代术语：翻花舞袖。

源流：陈式二路七十一式太极拳第十六式。

技法：劈。

动作过程： 右腿屈膝提起，左脚蹬地跳起，右脚、左脚依次落地；同时，右手、左手依次立圆向下劈掌，左手置于身体前方，右手落于腹前，掌心均向下；目视左前方。

动作要点： 双脚落地与双掌抡劈协调一致；力达掌根。

跳踏步 003

传统术语：翻花舞袖（陈式）。

现代术语：翻花舞袖。

源流：陈式老架二路太极拳第十二式。

技法：劈。

动作过程： 左腿屈膝提起，右脚蹬地跳起，左脚、右脚依次落地；同时，左手、右手依次立圆抡臂变拳向下冲打，右拳置于腹前，左拳置于左胯外侧，拳面均向下；目视前方。

动作要点： 翻身下冲拳与双脚踏震步同时完成；力达拳面。

2.9 叉步

叉步 001

传统术语：云手（陈式）。

现代术语：云手。

源流：陈式一路八十三式太极拳第三十一式。

技法：推。

动作过程：（1）左脚提起以脚跟内侧向左贴地铲出；同时，左手向下、向右划弧经腰间推至腹前，指尖斜向下；右手向左、向上、向右划弧经胸口推至右前方，指尖斜向上；目视右手。

（2）重心左移，右脚向左后方插步；同时，右手向下、向左划弧经腰间推至腹前，指尖斜向下；左手向上、向左划弧经胸口推至左前方，指尖斜向上；目视左手。

动作要点：云手与下肢侧行协调一致；力达掌根。

叉步 002

传统术语：斩手（陈式）。

现代术语：斩手。

源流：陈式老架二路太极拳第十一式。

技法：崩。

动作过程：左脚向右后方插步；同时，右手屈臂经右耳侧向下捶打至右膝外侧，拳眼向外；左手提至胸前，拳眼向内；目视右拳。

动作要点：上下相随，协调一致；力达拳面。

2.10 跳插步

跳插步 001

传统术语：玉女穿梭（陈式）。

现代术语：玉女穿梭。

源流：陈式竞赛套路第四十七式。

技法：插、架、推。

动作过程：（1）右脚向前落步；同时，右手向前平伸，掌心向下；左手置于腹前，掌心向下；目视前方。

（2）右脚蹬地跳起，左脚落地，右脚随即向左后方插步；同时，左手立掌向左后方推出，掌心向左后方；右手架于右额前上方，掌心斜向上；目视左手。

动作要点：上下相随，协调一致；力达掌根。

3 腿法

3.1 直摆

直摆 001
传统术语：分脚（孙式）。
现代术语：分脚。
源流：孙式七十三式太极拳第三十二式。
技法：踢。

动作过程： 左腿直腿向左侧踢起；同时，双手合至胸前后向两侧分开，指尖向上；目视左手。

动作要点： 分掌与分脚动作协调一致。

3.2 屈伸

屈伸 001

传统术语：蹬一根（陈式）。

现代术语：蹬一根。

源流：陈式一路八十三式太极拳第三十五式。

技法：蹬。

动作过程：右腿屈膝提起，随即向右蹬出；同时，双掌变拳交叉合于胸前，随即分别向左右发出，拳眼向上；目视右拳。

动作要点：右脚侧踹与双臂分展协调一致；力达脚跟。

屈伸 002

传统术语：分脚（杨式）。

现代术语：分脚。

源流：杨式八十五式太极拳第三十一式。

技法：分、踢。

动作过程： 右腿屈膝提起，向右侧分举；同时，双手交叉合于胸前，随即分别向左右两侧划弧分举，掌心均向外，指尖均向上；目视右前方。

动作要点： 分掌与分脚动作协调一致。

屈伸 003

传统术语：蹬脚（杨式）。

现代术语：蹬脚。

源流：杨式八十五式太极拳第三十七式。

技法：蹬。

动作过程： 右腿屈膝提起向右侧蹬出；同时，双手交叉合于胸前，随即分别向左右两侧划弧分举，掌心均向外，指尖均向上；目视右前方。

动作要点： 分掌与蹬腿动作协调一致。

3.3 击响

击响 001

传统术语：旋风脚（陈式）。

现代术语：旋风脚。

源流：陈式一路八十三式太极拳第四十式。

技法：合。

动作过程： 身体右转，左脚提起向上、向右脚内侧与左掌相击后下落；同时，双手交叉合于胸前，向两侧横开后落至两胯外侧，掌心均向下；目视前方。

动作要点： 上下相随，协调一致。

击响 002

传统术语：擦脚（陈式）。

现代术语：擦脚。

源流：陈式一路八十三式太极拳第三十四式。

技法：踢、拍。

动作过程：（1）右脚向左脚前盖步；同时，右臂屈肘与左前臂叠于胸前，右臂在上，指尖向右，掌心均向下；目视左方。

（2）左脚向前上方踢后落地；同时，双手分掌，左手击拍左脚面后落至左胯外侧，右手落至右胯外侧，掌心均向下；目视前方。

动作要点：左掌击拍左脚面要快速、准确。

击响 003
传统术语：陈式摆莲腿。
现代术语：陈式摆莲腿。
源流：陈式太极拳体系。
技法：摆。

动作过程： 右脚向左、向上、向右划弧摆击后落至左脚内侧；同时，双手依次击拍右脚面，左手落至左前方，掌心向前，右手置于左臂内侧，掌心斜向下；目视左手。

动作要点： 上下相随，协调一致。

击响 004

传统术语：单拍脚（杨式）。

现代术语：单拍脚。

源流：杨式太极拳竞赛套路二十五式。

技法：弹、踢。

动作过程：（1）左脚向右前方落步；同时，右手向前、向下、向上，左手向左、向上、向下划弧交叉合于胸前，掌心向内；目视前方。

（2）右脚向上摆踢；同时，右手击拍右脚面，掌心斜向前；左手举至身体左侧，掌心斜向前；目视右前方。

动作要点：上下相随，协调一致。

击响 005

传统术语：摆莲腿（杨式）。

现代术语：摆莲腿。

源流：杨式太极拳体系。

技法：摆。

动作过程： 右腿屈膝提起向左、向上、向右弧形摆踢；同时，左手、右手由右向左依次拍击右脚面，掌心斜向下；目视双手。

动作要点： 上下相随，协调一致。

击响 006
传统术语：十字单摆莲（吴式）。
现代术语：十字单摆莲。
源流：吴式太极拳体系。
技法：弹、踢。

动作过程： 左腿屈膝提起向前踢出；同时，右手向前拍击左脚面，掌心向下；左手合于腹前，掌心向上；目视前方。

动作要点： 上肢与下肢动作协调一致。

击响 007

传统术语：十字拍脚（孙式）。

现代术语：十字拍脚。

源流：孙式太极拳体系。

技法：弹、踢。

动作过程：（1）右脚收至左脚内侧；同时，双掌交叉合于腹前，掌心向下；目视前方。

（2）右脚向前上方踢出；同时，左手向前击拍右脚面，掌心斜向下；右手举至身体右侧，掌心斜向下；目视前方。

动作要点：上下肢动作协调一致。

击响 008
传统术语：十字摆莲（武式）。
现代术语：十字摆莲。
源流：武式太极拳体系。
技法：摆。

动作过程： 左腿屈膝提起向前踢出；同时，右手向前击拍左脚面，掌心向下；左手合于腹前，掌心向上；目视前方。

动作要点： 上肢与下肢动作协调一致。

3.4 其他

其他 001

传统术语：跌叉（陈式）。

现代术语：跌叉。

源流：陈式太极拳体系。

技法：铲、冲。

动作过程：（1）右脚向左脚内侧踏地；同时，右拳向前冲拳，拳面向前；左拳向右、向下划弧收于右胸前，拳眼向内；目视右拳。

（2）左脚以脚跟向前贴地铲出；同时，右拳经面前向上、向右划弧举至右额上方，拳面向上；左拳向下前冲，拳面向前；目视前方。

动作要点：上下肢动作协调一致。

4 平衡

屈蹲 001

现代术语：前举腿低势平衡。

源流：太极拳难度动作体系。

技法：单腿屈蹲。

动作过程： 一腿支撑屈膝下蹲，另一腿向身体正前方蹬脚；目视前方。

动作要点： 下蹲时重心平稳，屈蹲腿低于水平，前举腿略高于水平。

屈蹲 002

现代术语：低势前蹬踩脚平衡。

源流：太极拳难度动作体系。

技法：单腿屈蹲。

动作过程：一腿支撑屈膝下蹲，另一腿向前侧蹬踩脚；目视前下方。

动作要点：下蹲时重心平稳，屈蹲腿低于水平。

屈蹲 003

现代术语：后插腿低势平衡。

源流：太极拳难度动作体系。

技法：单腿屈蹲。

动作过程：一腿支撑，另一腿经支撑腿后方向侧前方插腿；目视插腿方向。

动作要点：下蹲时支撑腿重心平稳，插出腿脚不可触地，支撑腿大腿低于水平，手不可扶按支撑腿。

5 跳跃

5.1 直体

直体 001
传统术语：二起脚。
现代术语：腾空飞脚。
源流：武术基本功技术动作体系。
技法：踢。

动作过程： 双脚蹬地跳起，左腿在空中直膝，右脚向上摆踢，右掌拍击右脚面；目视右脚。
动作要点： 击响腿伸直，脚尖过肩，击拍准确。

直体 002

现代术语：腾空正踢。

源流：武术基本功技术动作体系。

技法：正踢。

动作过程： 右脚向前上步蹬地跳起，在空中向上摆踢，脚尖触及前额或头顶上方。

动作要点： 左腿伸直。

5.2 垂转

垂转 001

传统术语：旋风脚。

现代术语：旋风脚。

源流：武术基本功技术动作体系。

技法：里合踢。

动作过程： 双脚蹬地向上跳起腾空，身体在空中绕垂直轴沿逆时针方向旋转，右脚在空中里合上踢；同时，左手迎击右脚脚底。

动作要点： 击响脚脚尖过肩，击拍准确。

垂转 002

传统术语：腾空摆莲。

现代术语：腾空摆莲。

源流：武术基本功技术动作体系。

技法：外摆踢。

动作过程： 双脚蹬地向上跳起腾空，身体在空中绕垂直轴沿顺时针方向旋转，右脚在空中外摆上踢；同时，左手迎击右脚脚面。

动作要点： 击响脚脚尖过肩，击拍准确。